Süddeutscher Rundfunk – Ausländerredaktion

Tagungsbericht zum **4. Radioforum Ausländer bei uns**
20. bis 22. März 1995 in Stuttgart

SDR
SÜDDEUTSCHER RUNDFUNK

ZFP ZENTRALE FORTBILDUNG
DER PROGRAMMITARBEITER
GEMEINSCHAFTSEINRICHTUNG ARD/ZDF

Karl-Heinz Meier-Braun/Martin A. Kilgus (Hrsg.)

40 Jahre »Gastarbeiter« in Deutschland

4. Radioforum Ausländer bei uns

Nomos Verlagsgesellschaft
Baden-Baden

Mit Unterstützung der Landeszentrale für Politische Bildung Baden-Württemberg/Stuttgart und der ZFP Zentrale Fortbildung der Programmitarbeiter Gemeinschaftseinrichtung ARD/ZDF, Wiesbaden

Die Deutsche Bibliothek – CIP-Einheitsaufnahme

40 Jahre »Gastarbeiter« in Deutschland : Tagungsbericht zum 4. Radioforum Ausländer bei uns, 20. bis 22. März 1995 in Stuttgart / Karl-Heinz Meier-Braun/ Martin A. Kilgus (Hrsg.). Süddeutscher Rundfunk, Ausländerredaktion …
– 1. Aufl. – Baden-Baden : Nomos Verl.-Ges., 1995/96
ISBN 3-7890-4118-1
NE: Meier-Braun, Karl-Heinz [Hrsg.]; Radioforum Ausländer bei uns <4, 1995, Stuttgart>; Süddeutscher Rundfunk <Stuttgart> / Ausländerredaktion; Vierzig Jahre »Gastarbeiter« in Deutschland

1. Auflage 1995/96

Inhaltsverzeichnis

Vorwort

Am 20. Dezember 1955 unterzeichnete Deutschland das erste Anwerbeabkommen mit einem Staat, der heute als "Herkunftsland" der "ehemaligen Gastarbeiter" bezeichnet wird: Italien. Weitere Anwerbeabkommen mit Spanien und Griechenland (1960), der Türkei (1961), Portugal (1964), Tunesien und Marokko (1965) sowie dem ehemaligen Jugoslawien (1968) folgten. Aus den "Gastarbeitern" der ersten Generation sind mittlerweile Rentner geworden. Ihre Kinder und Enkel leben in Deutschland und für die meisten ist Deutschland auch im Alter zur Heimat, zum Einwanderungsland geworden.

Seit 1961 sind die Zuwanderer in den öffentlich-rechtlichen Rundfunkprogrammen in Deutschland mit muttersprachlichen Sendungen präsent. Über eine Reform dieser Programme wird in der ARD seit einiger Zeit diskutiert. Der Süddeutsche Rundfunk in Stuttgart veranstaltete hierzu 1987 die ersten Anhörungen. Unter Leitung des SDR-Hörfunkdirektors, Dr. Friedmar Lüke, wurden 1989 im Auftrag der Hörfunkkommission der ARD Experten der Sender eingeladen, um über Pläne für eine "ARD-Ausländer-Welle" zu beraten.

Das "1. Radioforum Ausländer bei uns" fand 1988 statt und widmete sich unter anderem den ARD-Ausländerprogrammen und den Möglichkeiten der zusätzlichen Berichterstattung in den Muttersprachen und in Deutsch.

Veranstalter des "Radioforums" sind die SDR-Ausländerredaktion, die SDR-Fortbildung und die ZFP, die Zentralstelle Fortbildung Programm-MitarbeiterInnen von ARD und ZDF. Eine Besonderheit des "Radioforums" liegt in seiner Zielgruppe: Eingeladen sind zum einen Journalistinnen und Journalisten der öffentlich-rechtlichen Anstalten in der Bundesrepublik, die Redaktionsteams der muttersprachlichen Programme innerhalb der ARD und Vertreter aus der Ausländerarbeit, Sprecher von Interessengruppen, Repräsentanten ausländischer Kulturvereine und Experten aus Politik und Wissenschaft. Durch diese Mischung entsteht eine sehr enge und intensive, realitätsnahe Auseinandersetzung mit dem Thema. Neben dem alle zwei Jahre stattfindenden "Radioforum" laden die Veranstalter zu Kurzseminaren ein, bei denen ein Tag lang über ausgewählte Aspekte von Zuwanderungsthemen diskutiert wird.

1990 wurde unter dem Titel "Programme gegen Fremdenfeindlichkeit" zum "2. Radioforum Ausländer bei uns" einzuladen. Zum ersten Mal waren bei dieser Veranstaltung auch die Kolleginnen und Kollegen aus den neuen Bundesländern mit dabei. 120 Personen setzten sich mit der Frage auseinander, wie der wachsenden Ausländer- und Fremdenfeindlichkeit in Deutschland begegnet werden kann. Die Herausforderung, die die Zuwanderung nach Deutschland für Politik und Medien bedeutet, war 1994 Thema des "3. Radioforums". Die Zuwanderung wurde dabei in den Rahmen der weltweiten Wanderungsbewegungen gestellt, so daß globalere Zusammenhänge von Fluchtursachen, Umweltveränderung und Flucht und die sich daraus ergebenden politischen, sozialen und wirtschaftlichen Herausforderungen von Migration deutlich wurden. Nachdem Zuwanderung eine feste Größe deutscher Geschichte ist, sind Politik und Medien verpflichtet, mit ihrer Arbeit ein friedlicheres, tolerantes und offenes Miteinander der Menschen und Kulturen in Deutschland und Europa zu fördern.

Das "4. Radioforum Ausländer bei uns" griff daher beispielhaft die Geschichte der italienischen Zuwanderung in die Bundesrepublik heraus. Unter dem Thema "40 Jahre 'Gastarbeiter' in Deutschland" sollten sowohl die Geschichte dieser Zuwanderergruppe, als auch deren jetzige Lebenssituation und deren Perspektiven für die Zukunft untersucht werden.

Prof. Dr. Karl-Heinz Meier-Braun, Leiter der SDR-Ausländerredaktion, gibt zu Anfang einen Überblick über die Geschichte der Anwerbeverträge, den Zuzug der ersten "Gastarbeiter", erzählt die denkwürdige Geschichte des Mannes, der als einmillionster "Gastarbeiter" gefeiert wurde und stellt die Phasen der Ausländerpolitik in der Bundesrepublik dar.

Die Sozialministerin des Landes Baden-Württemberg, Helga Solinger, geht in ihrer Betrachtung genau auf die Gruppe dieser ersten Zuwanderer ein. Die einstigen "Gastarbeiter" leben heute als Rentner in Deutschland. Sie gelten als "gut integriert" und sind scheinbar unauffällig. Doch bei vielen fehlen bis heute ausreichende Deutschkenntnisse und umfassende soziale Kontakte. Daher wurden, zum Beispiel in Mannheim, gezielte Förderprojekte gestartet, die sich um ausländische Senioren kümmern.

Prälat Battisa Mutti, von der Katholischen Italienischen Gemeinde in Stuttgart, blickt auf seine vier Jahrzehnte sozialer Arbeit zurück. Er erinnert sich an die Lebenssituation der ersten Italiener in Stuttgart, an die ersten italienischen Kultur- und Sportvereine, an das Pendeln zwischen hier und Herkunftsland sowie an die Lage der Familien. Bis zu vier Generationen leben heute in Deutschland und für jede gelten andere Herausforderungen und Probleme.

Das erste Angebot der Medien, zugleich Anfang der ARD-Ausländerprogramme, erläutert Dr. Gualtiero Guidi. Als Redakteur der ersten Stunde war er für die erste Sendung in italienischer Sprache in Deutschland verantwortlich und leitete bis zum Sommer 1995 die italienische Redaktion beim Bayerischen Rundfunk in München. Dr. Valerio Polimeni, Vorsitzender des ersten Italienischen Seniorenclubs im Land, skizziert die Arbeit, mit der speziell die "Alten" angesprochen und betreut werden sollen. Schließlich stellt Friedrich-Wilhelm Kiel, Oberbürgermeister der Stadt Fellbach, das kulturelle und soziale Leben der Italiener und Zuwanderer in seiner Stadt vor und schildert die Entstehung und das Wirken des Italienischen Kulturvereins in der Stadt vor den Toren Stuttgarts.
Im zweiten Schritt wurden beim "4. Radioforum" diese Erfahrungsberichte durch wissenschaftliche Vorträge ergänzt. Prof. Dr. Klaus-Jürgen Bade, Leiter des Instituts für Migrationsforschung und Interkulturelle Studien (IMIS) an der Universität Osnabrück, stellt die italienische Zuwanderung in einen größeren Zusammenhang der deutschen Geschichte. Deutschland war nach seinen Worten einst ein "Auswanderungsland ohne Auswanderungspolitik und ist heute ein Einwanderungsland ohne Einwanderungspolitik". An diesem politischen Defizit leiden Deutsche wie Zuwanderer gleichermaßen. Rechtsanwalt Gert Müller aus Karlsruhe beschreibt an Fallbeispielen die rechtliche Lage von Zuwanderung in Deutschland.
Im dritten Teil bewerten Experten aus Politik, Medien und der Ausländerarbeit in einzelnen Stellungnahmen die Geschichte und Perspektiven der Zuwanderung nach Deutschland. Der erste Bundestagsabgeordnete türkischer Herkunft, Cem Özdemir, nennt Forderungen für die Gleichstellung von Zuwanderern in der bundesdeutschen Gesellschaft und analysiert Chancen einer Umsetzung. Gabriele Müller-Trimbusch, Sozialbürgermeisterin der Stadt Stuttgart, zieht dazu den Vergleich auf kommunaler Ebene. Redakteure der ARD-Ausländerprogramme, darunter Friedrich Gmeiner, Leiter der Ausländerredaktion des Bayerischen Rundfunks, und Dr. Yüksel Pazarkaya, Leiter der Türkischen Redaktion des Westdeutschen Rundfunks, beleuchten diese und andere Forderungen aus der Sicht der Medien.
Das "4. Radioforum Ausländer bei uns" bot den gut 90 Teilnehmerinnen und Teilnehmern Gelegenheit zur intensiven Diskussion und Auseinandersetzung. Angesichts der Schnelligkeit der heutigen redaktionellen Abläufe sind diese "Denkpausen" über die eigene Arbeit besonders wichtig.

Der besondere Dank der SDR-Ausländerredaktion gilt Dr. Ruth Blaes und Ingeborg Werkmeister von der ZFP, der Zentralen Fortbildung für Programm-MitarbeiterInnen von ARD und ZDF in Wiesbaden, ohne deren

Engagement und vor allem finanzielle Unterstützung das Radioforum nicht möglich gewesen wäre.
Ebenso bedanken wollen wir uns bei Dr. Hans-Jürgen Waldschmidt und Carmen Bauer von der SDR-Fortbildung. Ohne ihre stete kreative Mitarbeit hätten weder dieses noch die früheren Radioforen verwirklicht werden können. Auch bei den Kolleginnen und Kollegen des Allgemeinen Betriebes und der Technik des SDR möchten wir uns bedanken. Mit ihrem Einsatz trugen sie zum reibungslosen Ablauf des Radioforums bei.
Wie die vorhergegangenen Tagungsberichte wurde auch dieser Band mit freundlicher Hilfe der Landeszentrale für Politische Bildung Baden-Württemberg und der Nomos Verlagsgesellschaft in Baden-Baden erstellt.

SDR-Ausländerredaktion
Stuttgart, den 1. August 1995

Grußwort

von: Dr. Friedmar Lüke, Hörfunkdirektor SDR

Sehr geehrte Frau Minister Solinger,
sehr geehrte Vertreter des Diplomatischen Korps in Stuttgart,
liebe Kolleginnen und Kollegen,
meine Damen und Herren,

ich heiße Sie herzlich willkommen beim "4. Radioforum Ausländer bei uns". Diesmal steht die Veranstaltung unter dem Motto "40 Jahre 'Gastarbeiter' in Deutschland" und das sollte auch Anlaß sein für einige kurze Anmerkungen zur Geschichte und Zukunft des "Ausländerthemas" im Süddeutschen Rundfunk. Nun, bereits am 1. Dezember 1961 begann der SDR mit Sendungen für die sogenannten "Gastarbeiter", mit Nachrichten und Sportmeldungen in italienischer Sprache, die täglich von 18.45 bis 19.00 Uhr auf UKW ausgestrahlt wurden. Sendungen für griechische und spanische "Gastarbeiter" in Baden-Württemberg folgten ein Jahr später. Bereits 1964 wurden die ARD-Ausländerprogramme für alle ausländischen Arbeitnehmer und ihre Familien eingerichtet.
Die öffentlich-rechtlichen Rundfunkanstalten haben somit bereits frühzeitig mit ihren Sendungen auf die Herausforderung durch die Anwerbung ausländischer Arbeitskräfte reagiert, zu einer Zeit, als noch nicht abzusehen war, daß aus "Gastarbeitern" Einwanderer werden sollten.
Von Anfang an haben sich im Süddeutschen Rundfunk Redakteurinnen und Redakteure um die Zulieferung von Beiträgen aus Baden-Württemberg zu den ARD-Ausländerprogrammen gekümmert. Hanna Roschmann war es, die diesen Dienst aufgebaut und Reporter aus den Herkunftsländern in den SDR integriert hat. Heute strahlt der SDR die Ausländerprogramme allabendlich auf der Mittelwelle zwischen 19 Uhr und 22.20 Uhr aus - für Italiener, Türken, Griechen, Spanier, Kroaten und Serben. Die Sendungen erfreuen sich weiterhin großer Beliebtheit und sind zu einem festen Bestandteil der Grundversorgung des Süddeutschen Rundfunks geworden. Dies gilt auch für die regionalen Berichte unserer Ausländerredaktion in den bundesweit verbreiteten Programmen.

Seit nunmehr fast zwanzig Jahren engagiert sich Prof. Dr. Karl-Heinz Meier-Braun im SDR und darüber hinaus im "Ausländerbereich", wobei ich mir bewußt bin, daß das Wort "Ausländer" längst überholt ist. Unsere Redaktion sucht deshalb auch einen neuen Namen.
(Vielleicht läßt sich hier beim Radioforum etwas Originelles finden.)
Schon auf einem großen Kongreß der Nationalen Kommission für das Internationale Jahr des Kindes in Stuttgart brachte Herr Meier-Braun 1979 Thesen zu Papier, die bis heute nichts an ihrer Gültigkeit verloren haben und immer wieder - gerade auch in diesen Tagen - wieder entdeckt und neu formuliert werden. Das Thema muß als Selbstverständlichkeit in den deutschen Hauptprogrammen auftauchen und nicht immer nur als Problem dargestellt werden - so lautete damals eine These von Herrn Meier-Braun. Seit damals hat er sich für die Umsetzung dieser Erkenntnis im journalistischen Alltag eingesetzt, ein wahrlich nicht leichtes Unterfangen, aber mit die wichtigste Aufgabe in den Medien überhaupt.
Parallel dazu hat sich Herr Meier-Braun für ein zusätzliches Angebot in deutscher Sprache, das für deutsche und ausländische Hörer gleichsam interessant ist, eingesetzt. Mit der Sendung "SDR International" hat die Ausländerredaktion ein deutliches Zeichen gesetzt, auch wenn sich ein regelmäßiger Sendeplatz aus Kostengründen und aus Mangel an Frequenzen bisher nicht wie geplant verwirklichen ließ. Gerade in diesen Tagen hat unsere Ausländerredaktion wieder ein zukunftsweisendes Projekt für eine Sendung im digitalen Rundfunk mit zahlreichen Zusatzdiensten vorgelegt.
Ein weiteres zentrales Anliegen von Herrn Meier-Braun war es, daß das Thema fest in die Aus- und Fortbildung verankert wird. 1988 hat er zusammen mit seinem Mitarbeiter Martin Kilgus deshalb das "1. Radioforum Ausländer bei uns" hier im Funkhaus organisiert, zusammen mit der ZFP, der Zentrale für die Fort- und Weiterbildung von Programm-Mitarbeitern von ARD und ZDF und unserer SDR-Fortbildung. Die Veranstaltung ist inzwischen zu einer festen Einrichtung geworden, die bundesweit Beachtung gefunden hat. Ziel war es von Anfang an, JournalistInnen, Praktiker der Ausländerarbeit und auch Wissenschaftler zusammenzubringen - Theorie, Praxis und Politik zu versammeln und den
Dialog und Meinungsaustausch zu verstärken. Die vorhandenen Programmangebote wurden damals analysiert. Beim 2. Radioforum, das 1990 stattfand, wurde unter dem Motto "Programme gegen Fremdenfeindlichkeit" über die deutsche Vereinigung und ihre Folgen für die Ausländerfrage diskutiert. Zwei Jahre später, 1992, ging es beim 3. Radioforum um die "Neue Völkerwanderung als Herausforderung für Politik und Medien in Deutschland".

Heute nun setzen Sie die Diskussion fort, werden Sie aus dem Rückblick auf "40 Jahre Einwanderung" Perspektiven für die Zukunft entwickeln. Am Rande darf ich dabei erwähnen, daß gerade was die programmatischen Perspektiven angeht, immer wieder im Laufe der Jahre wichtige Impulse vom SDR ausgegangen sind. Unsere Ausländerredaktion, die 1987 unter der Leitung von Herrn Meier-Braun aufgebaut wurde, hat sich immer wieder auf diesem Gebiet engagiert. Im Auftrag der Hörfunkkommission der ARD habe ich selbst als Hörfunkdirektor 1989 ein Treffen der Fachredakteure der ARD-Anstalten in Stuttgart geleitet, um die Möglichkeiten einer mulitikulturellen Integrationssendung, die nun wieder in die Diskussion gekommen ist, zu erörtern. Gestatten Sie mir auch noch abschließend den Hinweis, daß wir beim SDR jedes Jahr Volontäre und Hospitanten aus Zuwandererfamilien betreuen. Gerade jetzt wurde ein junger türkischer Kollege als Redakteur ausgebildet. Immer wieder kommen bei uns die Betroffenen selbst zu Wort, auch als Rundfunkjournalisten. Wir wollen so auch die Einwanderung als "Normalität" in unseren Programmen darstellen, nicht als das Exotische, sondern als das Alltägliche.

In diesem Sinne wünsche ich Ihnen interessante Tage und Gespräche, natürlich auch das dazu gehörende Vergnügen und freue mich auf eine fruchtbare Veranstaltung.

Grußwort

von: Dr. Perluigi Verlardi, Italienischer Generalkonsul, Stuttgart

Meine Damen und Herren,
Herr Intendant,

ich möchte vor allen Dingen den Organisatoren dieses vierten Radioforums "40 Jahre Gastarbeiter in Deutschland" und besonders der Ausländerredaktion die Glückwünsche des Botschafters Umberto Vattani überbringen und meinen persönlichen Dank aussprechen für die Arbeit, die sie täglich zugunsten der italienischen Mitbürger leisten.
Trotz der immer mehr steigenden Zahl von Parabolantennen, die es ermöglichen, die von den italienischen Sendern ausgestrahlten Programme zu empfangen, spielt diese Redaktion auch weiterhin eine bedeutende Rolle, denn sie garantiert die geeignete Information über die reale Integration und das soziale Leben der Italiener im lokalen politischen, gesellschaftlichen und wirtschaftlichen Kontext.
Ich möchte außerdem Monsignore Mutti danken, der uns durch seine Fotoausstellung die Jahre der ersten italienischen Emigration in Deutschland wieder erleben läßt und die Opfer der italienischen Emigranten, die dazu beigetragen haben, dieses Land groß zu machen.
Ich möchte auch daran erinnern, daß dieses vierte Radioforum mit dem 40. Jahrestag der Unterzeichnung des Freundschafts- und Schiffahrtsvertrages zwischen Italien und Deutschland zusammenfällt, ein Vertrag, der im Laufe der Zeit jene Änderungen erfahren hat, die ihn der Zugehörigkeit der beiden Länder zur EU anpassen.
Mit dem Wort "Gastarbeiter" kann an einen bestimmten geschichtlichen Zeitraum erinnert werden, der vergangen ist und der die neue soziale und politische Realität des Emigrationsflusses aus den Ländern der EU nicht mehr widerspiegelt. Es geht hierbei um einen Ausdruck, der sich mit dem Begriff des europäischen Bürgers nicht vereinbaren läßt.
Die Freizügigkeit ist von allen als Teil einer radikalen Neuerung erlebt worden, die angefangen von der Wahrung der wirtschaftlichen und gesell-

schaftlichen Interessen bis zur Anerkennung der bürgerlichen und politischen Rechte reichen muß.
In der Tat scheint es nicht gerechtfertigt, daß diejenigen, die zum Aufbau der Gesellschaft beigetragen haben, in der sie leben und arbeiten und deren Pflichten sie teilen, sich gleichzeitig in der beschämenden Lage befinden, für die Anerkennung der Rechte kämpfen zu müssen, die vertraglich sanktioniert sind und also Teil der Politik eines Landes gegenüber den EU-Bürgern sein müßten.
In diese Richtung, d.h. um die Wandlung vom ausländischen Arbeiter zum EU-Bürger zu verwirklichen, unter Anwendung konkreter rechtlicher Maßnahmen, müssen also - unserer Meinung nach - die Bemühungen und die Initiativen gehen, die uns heute hier zusammenführen, um geeignete Formen der Zusammenarbeit mit den lokalen Behörden zu diskutieren und zu finden.
In diesem Sinne ist dem italienischen Botschafter Vattani besonders an dieser Initiative gelegen; ich spreche allen hier anwesenden Beteiligten seinen aufrichtigen Dank aus für die bis heute geleistete Arbeit und für ihren künftigen Einsatz bei der Verwirklichung obiger Ziele und versichere Sie der Übernahme der Schirmherrschaft der Veranstaltung seitens des italienischen Botschafters.

Perluigi Verlardi
Italienischer Generalkonsul
Stuttgart

40 Jahre "Gastarbeiter" und Ausländerpolitik in Deutschland[1]

von: Prof. Dr. Karl-Heinz Meier-Braun, Leiter SDR-Ausländerredaktion

"Wir waren damals in der Zeit der sogenannten Landflucht", erinnert sich Erich Straub an die frühen 50er Jahre, an die Zeit auf seinem Bauernhof in Bermaringen auf der Schwäbischen Alb. "Wir hatten in der Landwirtschaft keine Arbeitskräfte mehr", fährt Straub, später Ortsvorsteher und Vorsitzender des Kreisbauernverbandes Ulm, fort. "Die eigenen Söhne und Töchter sind immer mehr abgewandert in die Stadt. Haben Arbeit gesucht, wo man mehr verdienen kann, und die Betriebe waren noch sehr arbeitsintensiv ausgerichtet - wir brauchten also Leute für die Handarbeit. Und da hat man uns die Italiener empfohlen"[2].

I. Wie die "Gastarbeiter" zu uns kamen

Was Erich Straub so beschreibt, ist nichts anderes als der Beginn der Ausländerbeschäftigung in der Bundesrepublik nach dem Zweiten Weltkrieg, die ihre Wurzeln in Württemberg hat. Der Bauernverband Württemberg-Baden bemühte sich schon seit 1953 - allerdings zunächst vergeblich -, italienische Landarbeiter auf die Höfe zu holen. Die Behörden waren damals von diesen ersten Versuchen, Saisonarbeiter für ein halbes Jahr (wie in der Schweiz) ins Land zu locken, gar nicht begeistert. Landesarbeitsamt, Arbeitsministerium, aber auch die Gewerkschaften hatten Bedenken. Jährlich meldeten die Bauernverbände in der ersten Hälfte der

1 Dieser Beitrag erschien zuerst in der Zeitschrift "Aus Politik und Zeitgeschichte, Beilage zur Wochenzeitung Das Parlament", Heft B 35/95, 25. August 1995, S. 14ff.

2 Zu den Anfängen der Einwanderung vgl. Karl-Heinz Meier-Braun, Sendung SDR 3 Schaufenster vom 8.5.1986 und 16.4.1995, Manu.; zu "Italiener in Deutschland" 40 Jahre nach dem ersten Anwerbeabkommen vgl. Institut für Entwicklungsforschung, Wirtschafts- und Sozialplanung (Isoplan) (Hrsg.), Ausländer in Deutschland, 1 (1995).

50er Jahre einen Fehlbedarf von bis zu 100 000 Arbeitskräften an, obwohl noch im Durchschnitt dieser Jahre mehr als eine Million Arbeitslose registriert wurden und die Arbeitslosenquote 1955 beispielsweise 5,6 Prozent betrug. Freiwillig war damals offensichtlich kaum ein Arbeitsloser bereit, zu den kargen Lohnbedingungen in der Landwirtschaft zu arbeiten. Ungeregelte Arbeitszeiten, Arbeit bei Wind und Wetter und oft an Sonn- und Feiertagen schreckten die meisten ab. Obwohl die Bauernverbände immer wieder auf ihre Probleme aufmerksam machten und ein staatliches Anwerbeabkommen forderten, blieben die Behörden bei ihrer Ablehnung. Karl Lutterbeck vom Bauernverband Württemberg-Baden machte sich deshalb auf eigene Faust nach Oberitalien auf, um die ersten Landarbeiter zu holen. Erst bei der dritten Fahrt, bei der man den italienischen Vizekonsul aus Freiburg mitnahm, gelang es, die Sache perfekt zu machen.

II. Schwielen an den Fingern

Im Arbeitsamt in Udine sammelten sich 600 Arbeitswillige, die nach Deutschland wollten. Daraus suchten sich die Vertreter des Bauernverbandes etwa 300 Bewerber aus. Karl Lutterbeck, damals Sozialreferent, schildert die Auslese so: "Da saßen wir an einem Tisch, so wie bei einer Musterungskommission, und die defilierten dann also an uns vorbei. Und dann haben wir sie uns nach der Größe, nach der Stärke, nach Körperbau angeguckt. Manchmal haben wir uns auch die Hände zeigen lassen, ob sie auch möglichst große Hände und feste Schwielen an den Fingern haben. Daraus meinten wir zu sehen, daß er also das Arbeiten gewöhnt ist. Ab und zu guckte man einem dieser Italiener in den Mund, um festzustellen, ob auch seine Zähne einigermaßen in Ordnung sind!"
So kamen die ausgesuchten 300 Landarbeiter 1955 nach Stuttgart, wo sie von ihren Bauern am Bahnhof in Empfang genommen wurden. Deutsche und Italiener hatten so ihre Probleme. Da war das Heimweh, das den einen oder anderen Landarbeiter wieder nach Hause trieb. Schwierigkeiten bereitete damals auch das Essen. Most und Backsteinkäse waren eine ungewohnte Kost für die Italiener. Das Landesarbeitsamt in Stuttgart veröffentlichte deshalb eigens eine Pressemitteilung: "Ratschläge für die Zubereitung von Speisen nach italienischer Art. Die italienischen Arbeitskräfte bereiten ihre Speisen gerne selbst zu. Soweit aber Italiener vom Arbeitgeber verpflegt werden, sind folgende Ratschläge des italienischen Konsulats

in Stuttgart für die Zubereitung von Speisen für italienische Arbeitskräfte zu empfehlen:

Der Italiener liebt im allgemeinen keine dünnen und flüssigen Soßen, insbesondere keine Mehlsoßen. Zu Teigwaren, die nicht zu weich gekocht werden sollten, gibt man Tomatensoße. Der Italiener ist nicht gewohnt Obstsäfte, Most, zu trinken. Zum Essen trinkt er mit Vorliebe Wein und Wasser. Während des Tages - und abends - auch Milch."

III. "Die türkischen Arbeitnehmer haben sich durchaus bewährt"

Am 20. Dezember 1955 unterzeichneten Vertreter der deutschen und der italienischen Regierung eine Anwerbevereinbarung, so daß ein Jahr später offiziell die ersten ausländischen Arbeitskräfte in die Bundesrepublik kommen konnten. Der italienische Arbeitsmarkt war schon bald im wahrsten Sinne des Wortes "leergefegt". Weitere Anwerbeabkommen wurden deshalb 1960 mit Spanien und Griechenland, 1961 mit der Türkei, 1964 mit Portugal, 1965 mit Tunesien und Marokko und 1968 mit Jugoslawien abgeschlossen.

1962 zog der für die Anwerbung von ausländischen Arbeitern zuständige Referent der Bundesanstalt für Arbeit, Helmuth Weicken, eine positive Bilanz der Beschäftigung türkischer Arbeitskräfte in der Bundesrepublik Deutschland: "Die türkischen Arbeitnehmer haben sich bei ihrer Arbeit in der Bundesrepublik durchaus bewährt. Die deutschen Arbeitgeber werden daher auch in Zukunft daran interessiert sein, Arbeitskräfte aus der Türkei vermittelt zu erhalten. Diese Entwicklung dürfte im allgemeinen deutsch-türkischen Interesse liegen, denn es darf erwartet werden, daß die Beschäftigung der türkischen Arbeitskräfte in der Bundesrepublik zu einer Vertiefung und Festigung der traditionellen deutsch-türkischen Beziehungen beiträgt. Für die Bundesrepublik bedeutet die Beschäftigung der türkischen Arbeitskräfte eine wertvolle Mithilfe zur Aufrechterhaltung des deutschen Produktionsniveaus." Auch der Sachverständigenrat wies in einem Gutachten schon bald auf die gesamtwirtschaftlichen Vorteile der Ausländerbeschäftigung hin: "Die Ausländer ermöglichen den deutschen Arbeitnehmern, in qualifiziertere Berufe aufzusteigen, sie decken einen großen Teil des Bedarfs der Wirtschaft an regionaler Mobilität."

IV. Großer Bahnhof für den einmillionsten "Gastarbeiter"

Das Anwerbeabkommen mit der Türkei wurde vor allem deshalb abgeschlossen, weil die Deutsche Bundesbahn einen hohen Kräftebedarf für den Reinigungsdienst hatte. Schon 1964 machten die Tageszeitungen mit der Schlagzeile auf: "Die Gastarbeiter werden bei uns seßhaft." Im gleichen Jahr kam der einmillionste "Gastarbeiter" nach Deutschland[3]. In Köln wurde dem Portugiesen im wahrsten Sinne des Wortes ein "großer Bahnhof" mit Pauken und Trompeten bereitet.

Zur Begrüßung bekam der einmillionste "Gastarbeiter" ein Moped geschenkt. Er fand Arbeit in einer Holzfabrik in Süddeutschland. Es ging ihm gut. In seinen Briefen, die er mit Geldüberweisungen regelmäßig nach Hause schickte, schwärmte der Portugiese von Deutschland, schrieb, wie beliebt er im Gastland und bei seinem Chef sei. Bei einem Arbeitsunfall zog er sich eine Magenverletzung zu. Ein deutscher Arzt gab ihm den Rat, zunächst einmal nach Portugal zurückzugehen, wo ein Magentumor festgestellt wurde.

Der einmillionste "Gastarbeiter" gab seine Anstellung in Deutschland auf und blieb in Portugal. Niemand habe ihm gesagt - so berichtete seine Familie einer deutschen Besuchergruppe -, daß er Anspruch auf Krankengeld hatte. So gab die Familie sämtliche Ersparnisse, die der einmillionste "Gastarbeiter" während der Jahre in Deutschland beiseite gelegt hatte, für Medikamente und den Arzt aus. Schließlich wurde das Geld knapp, und die Familie ließ sich die Rentenansprüche auszahlen. 1981 starb der einst so hochgefeierte Portugiese in seiner Heimat. Von seinem Gastarbeitertraum blieb nichts übrig als ein kleines Häuschen für die Tochter.

Mit einem Sonderzug jugoslawischer Arbeitnehmer, die durch die Bundesanstalt für Arbeit angeworben worden waren, traf am 5. August 1970 der fünfhunderttausendste baden-württembergische "Gastarbeiter" in Stuttgart ein: Zvonimir Kanjir aus Kroatien. Sein Geschenk: ein Kofferradio. Zum Begrüßungskomitee gehörten der Präsident des Landesarbeitsamtes, der jugoslawische Generalkonsul, der Vorsitzende der Arbeiterwohlfahrt und des DGB-Landesbezirks sowie der Repräsentant einer namhaften Automobilfirma, die den Jugoslawen als Arbeitskraft brauchte. Mit Sekt und Blumen begrüßten der Präsident der Bundesanstalt für Arbeit,

---

3 Karl-Heinz Meier-Braun, Der einmillionste "Gastarbeiter" kommt nach Deutschland, div. Sendungen, Süddeutscher Rundfunk vom 10.9.1994, Man.

Josef Stingl, und Arbeitsminister Pirkl im Jahre 1972 die 19jährige Jugoslawin Vera Rimski in München als, wie es damals hieß, den zweimillionsten "Gastarbeiter". Stingl schenkte ihr ein tragbares Fernsehgerät, Pirkl übereichte ein Buch. Die Zeitung schrieb: "... Josef Stingl, dankte der Jugoslawin und allen anderen Gastarbeitern für den großen Anteil, den sie zum Bruttosozialprodukt beitragen und damit den hohen Lebensstandard in der Bundesrepublik überhaupt erst ermöglicht hätten."

V. Phasen der Ausländerpolitik[4]

Daß die Arbeitskraft und nicht die Menschen damals im Mittelpunkt standen, bestätigt Hans-Jörg Eckhardt vom Landesarbeitsamt Baden-Württemberg, der eine Zeitlang bei einer Anwerbekommission tätig war. "Bitte sofort fünf Stück Hilfsarbeiter" - so hätten damals Anforderungen der Arbeitgeber per Fernschreiben gelautet.

Die Anwerbung ausländischer Arbeitskräfte lief weiter auf Hochtouren. 1968 machte eine Tageszeitung mit der Schlagzeile auf: "Türken am meisten gefragt". Der Chronist hielt fest: "Besonders begehrt sind von der deutschen Industrie wieder die Gastarbeiter, Türken werden nach Angaben der Bundesanstalt für Arbeitsvermittlung am meisten angefordert. Deshalb sind sie auch am schwersten zu haben. Zehn Wochen müssen die Firmen allein auf Hilfsarbeiter warten. Türkinnen sind dagegen schon eher zu bekommen, vor allem die Analphabetinnen. Insgesamt stehen die Gastarbeiter in diesem Spätsommer hoch im Kurs. Weitgehend ausverkauft sind auch die Italiener, bis auf eine kleine Zahl von Handwerkern wie Schneider, Maler und Elektromechaniker oder verwandte Berufe."

---

4 Vgl.Karl-Heinz Meier-Braun, Integration und Rückkehr? Zur Ausländerpolitik des Bundes und der Länder, insbesondere Baden-Württembergs, Mainz-München 1998; Ders., "Gastarbeiter" oder Einwanderer? Anmerkungen zur Ausländerpolitik in der Bundesrepublik Deutschland, Berlin 1980; Ders., Das Asylanten-Problem - Ein Grundrecht in der Bewährungsprobe, Berlin 1981; Ders., Ausländer und Ausländerpolitik in der Bundesrepublik, in: Landeszentrale für Politische Bildung Baden-Württemberg (Hrsg.), Der Bürger im Staat, 3 (1982), S. 195ff; Ders. / Yüksel Pazarkaya, Die Türken, Berichte und Informationen zum besseren Verständnis der Türken in Deutschland, Berlin 1983; Zur Aktualisierung der Phasen der Ausländerpolitik vgl. Klaus J. Bade, Ausländer - Aussiedler - Asyl, Eine Bestandsaufnahme, München 1994.

1. Die erste Phase von 1955 bis 1973: Ausländerbeschäftigung als vorübergehende Erscheinung

Lange Zeit war die Ausländerpolitik dadurch gekennzeichnet, daß die Bundesregierung ausländische Arbeitskräfte im Interesse der Wirtschaft anwarb. Es herrschte Übereinstimmung darüber, daß die Ausländerbeschäftigung eine vorübergehende Erscheinung sei und daß die ausländischen Arbeitnehmer über kurz oder lang heimkehren würden. So war lange Zeit in der Ausländerpolitik - abgesehen vom Ausländerrecht und seinen Ausführungsbestimmungen - kein Konzept infrastruktureller, sozial- und bildungspolitischer Maßnahmen vorhanden. Schon früh wurden aber die Eckpfeiler der Ausländerpolitik festgesetzt, die bis heute eigentlich unverändert geblieben sind. Danach ist die Bundesrepublik kein Einwanderungsland. Das Ausländergesetz aus dem Jahre 1965 wurde fünfundzwanzig Jahre lang als Fremden- und Ausländerpolizeirecht verstanden, mit einem vielfältigen Abwehrinstrumentarium einschließlich Ausweisung und Abschiebung.
Ausländerpolitik wurde und wird heute immer noch in erster Linie als Arbeitsmarktpolitik gesehen. Die deutschen Arbeitsmarktinteressen, wie sie die politisch Verantwortlichen in Bund und Ländern definieren, stehen im Mittelpunkt. Nach diesen Interessen richten sich alle Maßnahmen und Konzepte, die Ausländer in der Bundesrepublik betreffen.

2. Die zweite Phase von 1973 bis 1979: "Konsolidierung" der Ausländerbeschäftigung

Die Auseinandersetzung über Vor- und Nachteile der Ausländerbeschäftigung setzte Anfang der siebziger Jahre vor allem deshalb ein, weil immer mehr ausländische Arbeitnehmer ihre Familien nachholten und erkennbar wurde, daß die Ausländerbeschäftigung eben kein vorübergehendes Phänomen bleiben sollte. Die Diskussion über Kosten und Nutzen der Ausländerbeschäftigung sowie die Furcht vor sozialen Konflikten schlug sich im Anwerbestop für ausländische Arbeitnehmer nieder, der am 23. November 1973 verhängt wurde. Damit ergänzte die Bundesregierung ihre Ausländerpolitik durch den Grundsatz "Konsolidierung", das heißt Begrenzung der Zahl der ausländischen Arbeitnehmer und Anpassung an die Aufnahmefähigkeit der sozialen Infrastruktur. Außerdem wurde zum erstenmal eine Eingliederungspolitik für die ausländischen Familien angekündigt, die langfristig in der Bundesrepublik bleiben wollten.

Der Anwerbestop forderte den Familiennachzug jedoch geradezu heraus. Das gilt auch für eine Maßnahme aus dem Jahre 1975, als die Kindergeldsätze für ausländische Kinder, die im Heimatland geblieben waren, gekürzt wurden. Die Statistik zeigt deutlich, wie die Zahl der Zuzüge durch diese beiden Maßnahmen angestiegen ist.

3. Die dritte Phase von 1979 bis 1980: Integrationskonzepte im Mittelpunkt

In einer dritten, kurzen Phase von 1979 bis 1980 standen Integrationskonzepte im Mittelpunkt der Ausländerpolitik. In diesem Zusammenhang legte der erste Ausländerbeauftragte der Bundesregierung und frühere Ministerpräsident von Nordrhein-Westfalen, Heinz Kühn (SPD), ein Memorandum vor. Kühn kritisierte die bisherige Ausländerpolitik, die zu sehr von arbeitsmarktpolitischen Gesichtspunkten geprägt worden sei. Er forderte die Anerkennung, der "faktischen Einwanderung" und ein Kommunalwahlrecht für Ausländer. Die Bundesregierung blieb dann 1980 mit ihrem Beschluß zur Ausländerpolitik jedoch weit hinter den Forderungen ihres eigenen Ausländerbeauftragten zurück und lehnte zum Beispiel seinen Vorschlag zu einem Ausländerwahlrecht oder zu Einbürgerungserleichterungen für die ausländischen Jugendlichen ab.

4. Die vierte Phase von 1981 bis 1990: "Wende in der Ausländerpolitik" und Kampf um das neue Ausländergesetz

Aus einem kurzen Wettlauf um Integrationskonzepte wurde 1981 plötzlich ein Rennen nach einer Begrenzungspolitik. Die von SPD und FDP gebildete Bundesregierung geriet dabei immer mehr unter den Druck der CDU/CSU-Opposition, der von den unionsregierten Bundesländern noch verstärkt wurde. Unter Zugzwang gesetzt, formulierte die Bundesregierung am 2. Dezember 1981 selbst eine Begrenzungspolitik. Zur Begründung führte die Bundesregierung die Furcht vor sozialen und politischen Spannungen an, die den gesellschaftlichen Frieden in der Bundesrepublik gefährden könnten. Im Februar 1982 bekräftigte die Bundesregierung ihre ausländerpolitische Grundposition und kündigte noch für das gleiche Jahr eine Novelle des Ausländergesetzes mit dem Ziel an, klare Grundlagen für die Lebensplanung der Ausländer zu schaffen.

Im März 1982 brachten die CDU/CSU-regierten Bundesländer den "Entwurf eines Gesetzes zur Konsolidierung des Zuzugs und zur Förderung der Rückkehrbereitschaft von Ausländern (Ausländerkonsolidierungsgesetz)" im Bundesrat ein und verstärkten so den Druck auf die Bundesregierung. Am 14. Juli 1982 beschloß noch die alte SPD/FDP-Bundesregierung Maßnahmen zur Förderung der Rückkehr ausländischer Arbeitnehmer, die in das Gesetzgebungsverfahren einfließen sollten. Der damalige Bundesarbeitsminister Heinz Westphal (SPD) konnte sich allerdings mit einer Neuregelung zur weiteren Herabsetzung des Nachzugsalters von Ausländerkindern von sechzehn auf sechs Jahre nicht durchsetzen. Darüber war es im Kabinett und im Vorfeld der Entscheidung zu einer heftigen Kontroverse mit den FDP-Ministern gekommen. Aufgrund des Regierungswechsels verzögerten sich die in Angriff genommenen legislativen Maßnahmen zur Förderung der Rückkehrbereitschaft und die Novellierung des Ausländergesetzes nochmals.

Nach dem Regierungswechsel zur CDU/CSU/FDP-Koalition nahm die Ausländerpolitik im Ergebnis der Koalitionsverhandlungen im September 1982 einen breiten Raum ein. Die Bundesregierung werde - so hieß es - sofort eine Reihe von Maßnahmen beschließen, die Anreize für die Stärkung der Rückkehrbereitschaft von Ausländern böten. Schon kurz vor der Übernahme der Kanzlerschaft hatte Helmut Kohl erklärt, daß die Zahl der Ausländer vermindert werden müsse. Zwei Jahre lang wurde die Ausländerfrage bundesweit von der CDU/CSU thematisiert, und zur "Unterminierung der Basis ihrer Gegner" benutzt. Vieles spricht deshalb für die These, daß die Kampagne mit zum Machtwechsel beigetragen hat. Allerdings darf nicht übersehen werden, daß schon die alte Bundesregierung restriktive Maßnahmen eingeleitet und weitere Verschärfungen angekündigt hatte. Die "Wende" in der Ausländerpolitik, bei der Begrenzungsmaßnahmen im Mittelpunkt standen, hatte schon 1981 eingesetzt.

Die neue Bundesregierung nannte die Ausländerproblematik im Oktober 1982 als einen der vier Schwerpunkte ihres Dringlichkeitsprogramms - gleichberechtigt mit der Wirtschafts- und Außenpolitik, ein einmaliger Vorgang in der deutschen Nachkriegsinnenpolitik. Eine endgültige Regelung der Rückkehrförderung wurde allerdings durch die Auflösung des Bundestags und die Neuwahlen abermals verzögert. Statt konkrete Maßnahmen zu treffen, setzte die Bundesregierung eine Kommission "Ausländerpolitik" ein, der Vertreter von Bund, Ländern und Gemeinden angehörten.

Schon Ende 1982 begann auch in der neuen Bundesregierung der Streit um die Ausländerpolitik. Vor allem die CSU kritisierte den Widerstand der FDP in der Koalition gegen die Begrenzung des Familiennachzugs. Diese Auseinandersetzung um das Nachzugsalter für Ausländerkinder bestimmte lange Zeit die ausländerpolitische Diskussion. Unter einem offensichtlich im Hinblick auf die Bundestagswahlen vom 6. März 1983 künstlichen Zeitdruck legte die Kommission "Ausländerpolitik" im Februar ihren Bericht vor, dem jedoch schon aufgrund der kontrovers geführten Diskussionen in der Kommission wenig Aussagekraft zuzuschreiben ist. So nahm die Bundesregierung den Bericht nur zur Kenntnis, ohne über die Vorschläge zu entscheiden. Insgesamt läßt der Bericht allerdings die Tendenz zu weiteren Verschärfungen in der Ausländerpolitik erkennen.

Nach den Wahlen beschloß die Bundesregierung im Juni 1983 einen "Gesetzentwurf zur Förderung der Rückkehrbereitschaft von Ausländern", womit ein Schlußstrich unter die drei Jahre lange Diskussion über die Rückkehrmaßnahmen gezogen wurde. Im Laufe des Jahres 1983 erreichten die Ankündigungen der Bundesregierung für ein neues (restriktiveres) Ausländergesetz einen Höhepunkt. In einem "Schubladenentwurf" des Bundesinnenministeriums wurde der Versuch unternommen, sämtliche Möglichkeiten zur Verringerung der Ausländerzahlen, die die Kommission "Ausländerpolitik" aufgezeigt hatte, auszuschöpfen.

Alles in allem ist seit 1981 eine starke Politisierung des "Ausländerproblems" festzustellen, die unter der neuen Bundesregierung noch zugenommen hat. Die Auseinandersetzung spitzte sich immer mehr auf die Frage nach der Herabsetzung des Nachzugsalters für ausländische Kinder zu. Obwohl die Bundesregierung im Dezember 1983 solche Pläne abgelehnt hatte, ging der Streit weiter, wobei der damalige Bundesinnenminister Friedrich Zimmermann auf seiner Position beharrte. Außerdem ist seit dem Machtwechsel in Bonn im Jahr 1982 eindeutig eine Kompetenzverlagerung in der Ausländerpolitik vom Bundesarbeits- zum Bundesinnenministerium festzustellen, was daran liegt, daß ordnungspolitische Maßnahmen immer mehr im Zentrum der ausländerpolitischen Entscheidungen standen.

Einige Anmerkungen seien noch zur Rückkehrpolitik gemacht, die von der Bundesregierung beispielsweise 1984 als großer Erfolg bezeichnet wurde. Rückkehrwillige Ausländer erhielten einen Teil ihrer Beiträge für die Renten- und Sozialversicherung ausbezahlt. Langfristig kann die Beitragserstattung aber - der Arbeitgeberanteil wurde nicht zurückbezahlt - als eine Spar- und Sanierungsmaßnahme für die Rentenversicherung auf

Kosten der ausländischen Arbeitnehmer bezeichnet werden. Dieser Spar- und Sanierungseffekt wird auf drei bis vier Milliarden Mark veranschlagt. Bei der Rückkehrhilfe für arbeitslose Ausländer rechnete die Bundesregierung selbst mit Einsparungen beim Arbeitslosen- und Kurzarbeitergeld in Höhe von rund 90 Millionen und mit 240 Millionen Mark beim Kindergeld.

In Wirklichkeit war also die Rückkehrförderung eher eine symbolische Maßnahme - gerade im Hinblick auf eine beunruhigte deutsche Bevölkerung, der konsequente Maßnahmen zum Abbau der Ausländerzahlen vorgeführt werden sollten. Nicht nur bei der Rückkehrförderung - zum Beispiel auch bei der Einschränkung des Familiennachzugs - spielt die Symbolpolitik eine wichtige Rolle. Viele ausländerpolitische Maßnahmen, die oft mit einer großen Öffentlichkeitsarbeit verbunden waren, lassen sich nur so erklären.

Der Entwurf für ein neues Ausländergesetz und die Pläne für weitere Einschränkungen beim Familiennachzug verschwanden in den Jahren 1985/1986 vorerst in der Schublade, was vor allem am Widerstand der FDP in der Bundesregierung lag. Erst im Frühjahr 1988 gelangte ein zweihundert Seiten starker Entwurf zum Ausländergesetz aus dem Bundesinnenministerium an die Öffentlichkeit, der wiederum auf breiter Front von der FDP, den Oppositionsparteien, Verbänden und CDU-Sozialausschüssen wegen seiner restriktiven Vorstellungen kritisiert wurde. Das Bundesinnenministerium spielte die Bedeutung des Papieres herunter und wies darauf hin, daß es sich dabei noch nicht einmal um einen Referentenentwurf handele. Der umstrittene Zimmermann-Entwurf wurde deshalb sang- und klanglos wieder zurückgezogen.

Erst dem neuen Bundesinnenminister Wolfgang Schäuble gelang es, einen Entwurf für ein neues Ausländerrecht vorzubereiten. Das als eilbedürftig eingebrachte Gesetz konnte schließlich am 26. April 1990 gegen die Stimmen der Opposition den Bundestag in zweiter und dritter Lesung passieren. Am 11. Mai billigte der Bundesrat mit den Stimmen der unionsregierten Länder die Novelle, so daß das neue Ausländerrecht am 1. Januar 1991 in Kraft treten konnte. Anträge von SPD-geführten Ländern auf Anrufung des Vermittlungsausschusses wurden im Bundesrat abgelehnt.

Als positiv ist an dem neuen Ausländergesetz[5] zu bewerten, daß es endlich Klarheit in die Diskussion brachte. Trotz einiger Verbesserungen blieb es jedoch in weiten Teilen rückständig. Das kritisierte beispielsweise Barbara John (CDU), die Ausländerbeauftragte des Berliner Senats. Vor allem wurde, so die Kritik von Barbara John, die Aufenthaltsberechtigung eher schlechter als besser geregelt. Gerade junge Ausländer, die am Beginn ihrer beruflichen Laufbahn stehen, brauchen aber unbedingt Aufenthaltssicherheit. Außerdem sind die Möglichkeiten einer erleichterten Einbürgerung oder gar Doppelstaatsangehörigkeit unzureichend gelöst. Alles in allem enthält das Gesetz viele kleinliche Bestimmungen und wird den Anforderungen, die an ein modernes Ausländergesetz zu stellen sind, nicht gerecht. Besonders hervorzuheben ist der Paragraph 10 des neuen Ausländergesetzes, der im Falle einer Neuanwerbung die Möglichkeit schafft, ausländische Arbeitskräfte nach dem Rotationsprinzip für einen begrenzten Zeitraum anzuwerben. Auf der anderen Seite schreibt das neue Gesetz aber den Anwerbestop gesetzlich fest. Dieser Widerspruch ist nur damit zu erklären, daß im Falle eines Arbeitskräftemangels die Möglichkeit eröffnet werden sollte, Lücken auf dem Arbeitsmarkt aufzufüllen.
Als besonderer Mangel des neuen Ausländergesetzes stellte sich bald heraus, daß ausländischen Ehepartnern kein eigenständiges Aufenthaltsrecht eingeräumt wurde. Weiter ist kritisch anzumerken, daß bis zum heutigen Tage keine Verwaltungsvorschriften vorliegen und daß durch die vorläufigen Anwendungshinweise "Verschärfungen durch die Hintertür"[6] eingetreten sind.

5. Die fünfte Phase von 1990 bis 1995: Asylpolitik im Vordergrund - "Gastarbeiter" geraten in Vergessenheit

Zu Beginn der 90er Jahre wiederholte sich die Diskussion um die Zuwanderung nach Deutschland, wenn auch mit veränderten Rollen. Waren es vor zehn Jahren die Türken, die im Brennpunkt einer Begrenzungspolitik

---

5 Zur Kritik am Ausländergesetz vgl. Klaus Barwig / Gisbert Brinkmann / Bertold Huber / Klaus Lörcher / Christoph Schumacher (Hrsg.), Vom Ausländer zum Bürger, Problemanzeigen im Ausländer-, Asyl- und Staatsangehörigkeitsrecht, Baden-Baden 1994; Die Beauftragte der Bundesregierung für die Belange der Ausländer (Hrsg.), In der Diskussion. Das Ausländergesetz, Erfahrungen nach drei Jahren, Bonn 1994.

6 So die Bundesbeauftragte für Ausländerfragen Cornelia Schmalz-Jacobsen (FDP) in der Bundestagsdebatte über Entwürfe zur Änderung des Ausländergesetzes am 26.4.1995; vgl. Das Parlament, Nr. 10 vom 12.5.1995, S. 8.

standen, konzentrierte sich die Debatte nun auf die Asylbewerber und Flüchtlinge. Die politische Auseinandersetzung und die Schlagzeilen in den Medien sind fast austauschbar: man braucht nur "Türken" durch "Asylbewerber" zu ersetzen.

In beiden Fällen drohte das "volle Boot Bundesrepublik Deutschland" durch die angeblich zu hohen Zahlen der Türken bzw. Flüchtlinge zu kippen.

Auch für die Sozialdemokraten wiederholte sich die Einwanderungsgeschichte. Vor zehn Jahren formulierte die SPD und die damalige sozial-liberale Bundesregierung - von der CDU/CSU und einer beunruhigten Wählerschaft an die Wand gedrückt - selber noch schnell eine Rückkehrpolitik für Türken, bevor sie die Macht in Bonn verlor. Nach einer jahrelangen Auseinandersetzung stimmte die SPD schließlich 1993 der Änderung des Grundgesetzes Art. 16 zu, wogegen sie sich jahrelang gewehrt hatte. Auch hier spielte die Befürchtung, im Hinblick auf Wahlen, insbesondere auf das "Superwahljahr 1994" die Legitimationsbasis in der Bevölkerung zu verlieren, eine wichtige Rolle.

Die Parallele zwischen den Türken damals und den Asylbewerbern heute macht auch deutlich, wie wenig aus der ausländerpolitischen Debatte gelernt wurde. Zu Beginn der 80er Jahre lebten etwa eine Million Türken in Deutschland, deren Zahl es angeblich zu verringern galt. Heute sind es etwa doppelt so viele, deren Anzahl aber offensichtlich keine Rolle mehr spielt. Kaum jemand erinnert sich noch an diesen Zusammenhang oder an Zitate von verantwortlichen Politikern wie "Es kommt, solange ich in Hessen was zu sagen habe, kein Türke mehr ins Land".

Oder an den Satz eines anderen Politikers, der sagte:

"Mein Ziel ist die Lösung eines Ausländerproblems, das im wesentlichen türkische Familien betrifft".

In den letzten Jahren ist die Tatsache, daß die Mehrheit der rund 7 Millionen Ausländer in Deutschland als "Gastarbeiter" ins Land geholt wurde, hier geboren oder als Familienangehörige nachgezogen ist, fast völlig in Vergessenheit geraten. Hinzu kam das Problem, daß die hohe Zuwanderung von Aussiedlern und Asylbewerbern zunehmend mit dem Thema der ausländischen Arbeitnehmerbevölkerung vermischt wurde. Alle Versuche, das Bewußtsein für die neue Einwanderungssituation im vereinigten Deutschland zu verschärfen und eine umfassende Einwanderungs- und Integrationspolitik auf den Weg zu bringen, sind gescheitert. Diese "konzeptionelle Sprachlosigkeit gegenüber einer der dringendsten gesell-

schaftspolitischen Zukunftsaufgaben[7]" war auch ein Grund für den Rücktritt der Beauftragten der Bundesregierung für die Integration der ausländischen Arbeitnehmer und ihrer Familien, Liselotte Funcke, im Juli 1991. In ihrem Rücktrittsschreiben an den Bundeskanzler machte die FDP-Politikerin auf die wachsende Fremdenfeindlichkeit und Gewalt gegen Ausländer aufmerksam: "Die ausländische Arbeitnehmerbevölkerung sieht sich einer wachsenden Abwehr in der deutschen Bevölkerung und sogar tätlichen Angriffen ausgesetzt, ohne daß von politischer Seite ihre Anwesenheit begründet und ihre erwiesenen Leistungen gewertet werden. Ermutigungen zur Integration sind kaum erkennbar, ebensowenig wirksame Maßnahmen und ausreichender Schutz gegen fremdenfeindliche Jugendbanden. Die deutsche Bevölkerung ist zunehmend verunsichert angesichts einer ständigen ungeregelten Zuwanderung, für deren Bewältigung sie kein politisches Konzept erkennen kann. Die sich daraus ergebenden Ängste schlagen sich - wie aus meinem Briefeingang hervorgeht - nicht selten in mehr oder weniger heftigen Beschuldigungen gegen die Ausländer nieder und belasten damit die Stimmung auf beiden Seiten. Die Gefahr einer Eskalation ist nicht von der Hand zu weisen[8]".
Vier Monate lang blieb das Amt der Ausländerbeauftragten angesichts einer sich verschärfenden Krise unbesetzt. Erst im November 1991 konnte die Bundestagsabgeordnete und frühere Generalsekretärin der FDP, Cornelia Schmalz-Jacobsen, die Nachfolge antreten. Die erhoffte Aufwertung, die bessere finanzielle und personelle Ausstattung ihres Amtes blieb jedoch weit hinter den Erwartungen zurück.

VI. Zusammenfassung und Ausblick

1. Die "Gastarbeiter" gehen in Rente

Die ausländischen Arbeitskräfte, von denen die ersten vor vierzig Jahren ins Land geholt wurden, sind längst zu Einwanderern geworden. Etwa 350.000 befinden sich bereits im Rentenalter[9]. Bis zum Jahre 2010 wird

7 Vgl. Klaus J. Bade (Anm. 3), S. 77.
8 Liselotte Funke an Bundeskanzler Dr. Helmut Kohl, 17.6.1991.
9 Die Rückkehrabsichten sind in den letzten Jahren immer mehr zurückgegangen, die Länge der Aufenthaltszeiten immer weiter angestiegen. Mindestens ein Viertel aller Ausländer lebt seit zwanzig Jahren und länger in Deutschland. 40 Prozent können Aufenthaltszeiten von 15 und über die Hälfte von mehr als 10 Jahren nachweisen. Das

ihre Zahl auf über eine Million ansteigen. Viele von ihnen haben in einer ständigen "Rückkehrillusion" gelebt und bleiben jetzt in Deutschland, weil sie fast alle Verbindungen zur alten Heimat verloren haben und ihre Kinder und Enkel in Deutschland leben. Erste italienische oder türkische Altenclubs und Modellmaßnahmen für die "Gastarbeiter der ersten Stunde" sind bereits entstanden. Trotzdem hat sich die deutsche Altenpflege und Sozialpolitik noch unzureichend auf die "Gastarbeiterrentner" eingestellt.[10]

2. Gewinn und Verlust

Eine Kosten-Nutzen-Analyse der Ausländerbeschäftigung nach 40 Jahren ist nicht möglich und schon deshalb problematisch, weil dabei Menschen gegen Geld aufgerechnet werden. Bei einer Bilanz der Anwerbung kann auf jeden Fall darauf hingewiesen werden, daß die Entsendeländer vor allem in den 60er Jahren ihre Arbeitslosigkeit durch die Migration ihrer Landsleute mildern konnten. Die Überweisungen der "Gastarbeiter" verschafften den Heimatländern harte Devisen und sind immer noch für viele Länder lebensnotwendig[11]. Trotzdem gilt als gesichert, daß die Arbeitsmigration keine Entwicklungshilfe für die Herkunftsländer war und ist[12], denn das meiste Geld ging in die Unterstützung der Familien daheim und in den privaten Konsum.

Auf unserer "Habenseite" darf nicht in Vergessenheit geraten, daß die ausländischen Arbeitskräfte ganz entscheidend die Bundesrepublik Deutschland mit aufgebaut haben. Eine aktuelle Bilanz belegt, wie sehr die öffentlichen Finanzkassen noch immer von der Ausländerbeschäfti-

---

Bild verschiebt sich nochmals in Richtung "Verfestigung" und "Lebensmittelpunkt in Deutschland", wenn man bedenkt, daß Jugendliche, die hier geboren und/oder bei uns aufgewachsen sind, als Ausländer mit geringer Aufenthaltsdauer in der Statistik geführt werden.

10 Vgl. Helga Solinger, Ministerin für Arbeit, Gesundheit und Sozialordnung Baden-Württemberg, Die "Gastarbeiter" gehen in Rente, Referat gehalten beim "4. Radioforum Ausländer bei uns", das vom 20. bis 22. März 1995 im Süddeutschen Rundfunk stattfand. (Ein Tagungsbericht erscheint im Nomos Verlag in Baden-Baden.)

11 Weltweit übertreffen diese Überweisungen mit 66 Milliarden US-Dollar noch immer die Summe, die international als öffentliche Entwicklungshilfe bezahlt wird und 60 Milliarden Dollar ausmacht. Vgl. Stephan Klingebiel, Entwicklungszusammenarbeit und die Flüchtlings- und Migrationsproblematik, in: Aus Politik und Zeitgeschichte, 20 (1994), S. 18.

12 Dietrich von Delhaes-Günther / Othmar Nikola Haberl / Alexander Schölch, Abwanderung von Arbeitskräften aus Italien, der Türkei und Jugoslawien, in: Aus Politik und Zeitgeschichte, 12 (1976), S. 3ff.

gung profitieren. Nach einer Berechnung des Rheinisch-Westfälischen Instituts für Wirtschaftsforschung (RWI) in Essen schlägt sich dies mit einem Plus von 41 Milliarden Mark im Jahr nieder[13].
Das Institut der Deutschen Wirtschaft in Köln hat wiederholt die Bedeutung der Ausländerbeschäftigung unterstrichen und in einem Fazit hervorgehoben: "Ausländer nehmen den Deutschen keine Arbeitsplätze weg, sondern sie füllen Lücken auf dem Arbeitsmarkt[14]". Die Ausländerbeschäftigung ist nach wie vor unverzichtbar für Deutschland. Viele Branchen könnten ohne ausländische Arbeitskräfte gar nicht existieren.
Trotz Massenarbeitslosigkeit und Wirtschaftskrise hat die Beschäftigung ausländischer Arbeitskräfte seit der deutschen Vereinigung stark zugenommen. Mit rund 2,23 Millionen sozialversicherungspflichtig Beschäftigten erreichte sie im September 1993 fast wieder den Höchststand in der Nachkriegsgeschichte aus den Jahren 1972/73[15]. Seit 1991 werden ausländische Saisonarbeitnehmer für Beschäftigungen bis zu drei Monaten zugelassen. Hinzu kommen Gastarbeitnehmer und Werkvertragsarbeitnehmer, die einen Rückfall in die alte "Gastarbeiterära" und das totge-

---

13 Das RWI hat in einer aktuellen Bilanz auch auf die Bedeutung der ausländischen Selbständigen für die deutsche Volkswirtschaft hingewiesen. Vgl. Stuttgarter Zeitung vom 18.5.1995. Vgl. auch Bundesministerium für Wirtschaft (Hrsg.), Dokumentation Nr. 339, Ausländer und die deutsche Wirtschaft, zehn Thesen, Bonn 1994.

14 Institut der Deutschen Wirtschaft Köln (Hrsg.), Ausländer und Arbeit, in: Wirtschaft und Unterricht, Informationen für Pädagogen in Schule und Betrieb vom 24.3.1994. Nicht nur nach Auffassung des Instituts der Deutschen Wirtschaft bedrohen Einwanderer keinesfalls unseren Wohlstand. Im Gegenteil: wenn wir unseren Industriestandort und unser Arbeitskräftepotential halten wollen, benötigen wir auch in den nächsten Jahren Zuwanderer. Die akute Arbeitslosigkeit verschleiert offensichtlich diese Zukunftsperspektive.

15 Die Bundesanstalt für Arbeit (BfA) verzeichnete bereits im ersten Halbjahr 1990 eine Steigerung bei den allgemeinen Arbeitserlaubnissen für neu eingereiste Ausländer um 64 Prozent gegenüber dem Vorjahreszeitraum. Offensichtlich gibt es - so die Bundesanstalt - trotz vieler deutscher Arbeitsloser auch für neu eingereiste Ausländer Beschäftigungsmöglichkeiten, weil deren Arbeitsbedingungen vielen deutschen Arbeitnehmern nicht attraktiv genug erscheinen; vgl. Karl-Heinz Meier-Braun, Auf dem Weg zur multikulturellen Gesellschaft?, in: Zeitschrift für Kulturaustausch, 1 (1991), S. 9ff; diese Entwicklung erklärt und bekräftigt 1995 der für Ausländer zuständige Abteilungsleiter bei der BfA mit den Worten "... daß das ausländische Kräfteangebot sehr dringlich und kompromißbereit ist und daß deutsche (inländische) Arbeitskräfte für eine Reihe von Tätigkeiten nicht ausreichend zur Verfügung stehen"; vgl. Heinz Seidel, Ausländische Arbeitnehmer auf dem deutschen Arbeitsmarkt, in: ZAR, Zeitschrift für Ausländerrecht und Ausländerpolitik, 2 (1995), S. 51ff; auf dem Bausektor wird allein die Zahl der Billigkräfte aus der Europäischen Union auf 150.000 geschätzt. Dazu kommen fast 26.000 Werkvertragsarbeiter aus Osteuropa; vgl. dpa vom 18.5.1995 mit der Schlagzeile "Billigkräfte sorgen für Unruhe und mehr Arbeitslosigkeit am Bau". Die Zahl der arbeitslosen Bauarbeiter wird mit rund 175.000 angegeben. (Die Zahlen der BfA beziehen sich auf das Bundesgebiet West.)

glaubte "Rotationsprinzip"[16] signalisieren. Allein 1992 wurden rund 1,35 Millionen Arbeitserlaubnisse für Ausländer von der Bundesanstalt für Arbeit erteilt. Die meisten davon - etwa 995 000 - waren allgemeine Arbeitserlaubnisse, die nur erteilt werden, wenn für den Arbeitsplatz kein Deutscher oder kein ihm gleichgestellter ausländischer Arbeitnehmer zur Verfügung steht. Im Jahre 1993 und 1994 wurden rund 1,3 bzw. 1,2 Millionen Arbeitserlaubnisse ausgestellt. Etwa 2/3 davon waren wieder allgemeine Arbeitserlaubnisse für Arbeitsplätze, für die keine deutschen oder EU-Arbeitnehmer zur Verfügung standen.

3. Deutschland ist Einwanderungsland

Jahrelang war die deutsche Ausländerpolitik auf "Integration und Rückkehr" ausgerichtet. Es hat sich gezeigt, daß sich beide Zielvorstellungen nicht gleichzeitig erreichen lassen, daß dies vielmehr zu einem "Wechselbad" für die Betroffenen führt, von denen eine Entscheidung für Verbleib oder Rückkehr verlangt wurde. Eine klare Zukunftsplanung wurde so vielen "Gastarbeiterfamilien" in der Vergangenheit erschwert.
In vielen Bereichen wurden im Laufe der Jahre zwar integrationspolitische Verbesserungen erreicht. Eine ganze Reihe von Problemen bleiben jedoch ungelöst[17]. So fühlt sich so mancher "Gastarbeiterrentner" keineswegs bei uns zu Hause. Die meisten sprechen schlecht deutsch, sind rechtlich kaum abgesichert und verlieren bei längerem Aufenthalt im Herkunftsland ihre Aufenthaltserlaubnis für Deutschland. Auch von den Kindern und Enkeln der ausländischen Arbeitnehmer hört man so gut wie nichts mehr. Sie gelten als bestens angepaßt, insbesondere die Italiener als "halbe Deutsche". Hinter den Kulissen sieht die Situation anders aus: der Anteil der Kinder italienischer Herkunft an den Überweisungen in Sonderschulen für Lernbehinderte ist dreimal so hoch wie bei den deutschen Schülern.
Im Jahre 40 nach der Ankunft der ersten "Gastarbeiter" besteht der eigentliche Skandal unserer Integrationspolitik weiterhin fort, ohne daß ihn die deutsche Öffentlichkeit zur Kenntnis nimmt: nach wie vor befinden sich

16 Vgl. Karl-Heinz Meier-Braun, Freiwillige Rotation - Ausländerpolitik am Beispiel der baden-württembergischen Landesregierung, München 1979. Das Rotationsmodell brachte der frühere baden-württembergische Ministerpräsident Filbinger in die Diskussion; er sprach sich dafür aus, die "Gastarbeiter" nach einigen Jahren zugunsten "junger, frischer" Nachfolger auszutauschen.

17 Vgl. Beauftragte der Bundesregierung für die Belange der Ausländer (Hrsg.), Daten und Fakten zur Ausländersituation, 14. Auflage, Bonn 1994.

200 000 bis 300 000 der nichtdeutschen Jugendlichen weder in der Schule noch in der Berufsausbildung[18]. Sie tauchen in keiner Statistik auf. Auch wenn diese jungen Leute hier geboren und aufgewachsen sind, brauchen sie eine Arbeitserlaubnis, falls ihre Eltern nicht aus der Europäischen Union kommen. Im Alter von 16 Jahren werden diese jungen Einwanderer - auch die aus der Europäischen Union - immer noch aufenthaltserlaubnispflichtig. Wir steigern so Jahr für Jahr die Ausländerzahlen in der Bundesrepublik auch durch unsere Einbürgerungsbestimmungen, die im Kern aus dem Jahr 1913 stammen.

Die Daten und Fakten belegen eindeutig, daß wir in einem Einwanderungsland leben. In der Zeit nach dem Zweiten Weltkrieg waren in Deutschland gewaltige Aus- und Einwanderungsbewegungen zu verzeichnen[19]. So sind von 1960 bis 1990 rund 16 Millionen Ausländer in die Bundesrepublik zugezogen. Im gleichen Zeitraum haben über 12 Millionen Personen mit nichtdeutscher Staatsangehörigkeit Deutschland wieder verlassen. Jedes Jahr findet eine hohe Abwanderung statt, was jedoch offensichtlich kein Thema in Politik und Medien[20] darstellt.

Die Bundesrepublik war in den letzten Jahren weltweit die Nummer Eins, was die Zuwanderung angeht und hat mehr Zuwanderer im Jahr aufgenommen als die klassischen Einwanderungsländer USA und Kanada zusammen. Trotzdem sind wir nach offizieller Lesart der Politik kein Einwanderungsland. Es ist geradezu tabu, von "Einwanderung" zu reden, obwohl Artikel 73 des Grundgesetzes klar von "Einwanderung" als Aufgabe des Bundes spricht.

---

18 Vgl. Karl-Heinz Meier-Braun, Probleme ausländischer Jugendlicher weiterhin ungelöst, Sendung Süddeutscher Rundfunk, Heute im Gespräch vom 12.9.1994, Man.

19 Das "Weltflüchtlingsproblem" spielt sich allerdings nicht bei uns, sondern in der sogenannten 3. Welt ab; vgl. Karl-Heinz Meier-Braun, Vor den Toren Europas - Die "neue Völkerwanderung" belastet vor allem die südliche Halbkugel, in: Zeitschrift für Kulturaustausch, 1 (1995), S 10ff.

20 Zur Rolle der Medien vgl. Karl-Heinz Meier-Braun / Martin Kilgus (Hrsg.), Programme gegen Fremdenfeindlichkeit, Tagungsbericht zum 2. Radioforum Ausländer bei uns, Baden-Baden 1991; Karl-Heinz Meier-Braun / Martin Kilgus (Hrsg.), Die neue Völkerwanderung, Herausforderung für Politik und Medien, Tagungsbericht zum 3. Radioforum Ausländer bei uns, Baden-Baden 1993; Karl-Heinz Meier-Braun, Ausländer und Massenmedien, in: Carolyne Y. Robertson-Wensauer (Hrsg.), Multikulturalität - Interkulturalität?, Baden-Baden 1993; Karl-Heinz Meier-Braun, Migration, Asylum and Foreigners in the German Media, in: Friedrich Heckmann / Wolfgang Bosswick (Hrsg.), Migration Policies, A comparative perspective, Bamberg 1994.

Deutschland sollte sich endlich von der Lebenslüge verabschieden, "kein Einwanderungsland" zu sein[21]. Die Wirklichkeit hat - beispielsweise der Boom der Ausländerbeschäftigung der letzten Jahre - diese Schutzbehauptung längst überholt. Dabei geht es keineswegs darum, Tür und Tor für Einwanderer aus aller Herren Ländern zu öffnen, wie oft unterstellt wird. Vielmehr sollte die Bundesrepublik ein klares Bekenntnis zu den Realitäten eines Einwanderungslandes ablegen und daraus Konsequenzen ziehen. Eine solche Aussage, eine klare, berechenbare und zukunftsorientierte Ausländerpolitik hätte eine nicht zu unterschätzende Signalwirkung: auf die betroffenen ausländischen Minderheiten einerseits, denen eindeutig mitgeteilt würde, daß sie als Teil unseres Landes und als fester Bestandteil unserer Gesellschaft auf Dauer willkommen sind.
Andererseits würde dadurch der deutschen Öffentlichkeit sozusagen endlich reiner Wein eingeschenkt und ausländerfeindlichen Tendenzen[22] eine klare Absage erteilt. Die juristischen und politischen Bestimmungen sind über das Ausländergesetz, das aber reformbedürftig ist, eigentlich schon vorhanden[23]. Es geht darum, diese Regeln und Regularien in ein klares und überschaubares Gesamtkonzept zu fassen und der aktuellen Lage anzupassen. Ein Anspruch auf die deutsche Staatsangehörigkeit durch Geburt oder erleichterte Einbürgerungsbestimmungen unter Inkaufnahme von

---

21 Vgl. Dietrich Thränhardt, Die Bundesrepublik Deutschland - ein unerklärtes Einwanderungsland, in: Aus Politik und Zeitgeschichte, 24 (1988), S. 3ff; Prof. Dr. Klaus Bade, Leiter des Instituts für Migrationsforschung und interkulturelle Studien an der Universität Osnabrück, spricht in diesem Zusammenhang von einer paradoxen deutschen Tradition im Umgang mit der Frage der Einwanderung. Der Historiker erinnert daran, daß Deutschland erst ein "Reichsgesetz zu Auswanderung" erlassen habe, als schon mehr als fünf Millionen Menschen das Land verlassen hätten. Heutzutage bestreite Deutschland, ein Einwanderungsland zu sein, obwohl sich rund sieben Millionen Einwohner ohne deutschen Paß im Lande befinden. (Aus dem Referat von Bade beim 4. Radioforum Ausländer bei uns, vgl. Anm. 9.)

22 Das Thema "Ausländerfeindlichkeit und Gewalt gegen Ausländer" steht weiterhin auf der Tagesordnung, auch wenn es nicht mehr so sehr die Schlagzeilen bestimmt. So ist die Zahl der ausländer- und fremdenfeindlich motivierten Straftaten im März 1995 gegenüber dem Vormonat um 57 auf insgesamt 187 gestiegen. In Thüringen haben beispielsweise Rechtsextremisten 1994 doppelt so viele Straftaten begangen wie im Jahr zuvor; vgl. Nachrichtenagentur AP vom 16.5.1995.

23 So wird seit langem darüber diskutiert, was wir von den klassischen Einwanderungsländern und von ihren Quotenregelungen lernen können. In Wirklichkeit wurde, was die gegenwärtig stärkste Zuwanderungsgruppe, die Aussiedler angeht, längst eine jährliche Quotierung eingeführt. Seit 1988 sind rund 1,6 Millionen Aussiedler nach Deutschland gekommen. Auch 1994 kamen wieder 222 591 Aussiedler in die Bundesrepublik, was bei weitem die Zahl der Flüchtlinge und Asylbewerber in Höhe von 127 210 übertrifft. Zusätzlich stellten 1994 etwa 237 000 Spätaussiedler einen Antrag auf Anerkennung und Einreise nach Deutschland.

Doppelstaatsangehörigkeiten sind dabei wichtige Beispiele für eine vorausschauende Integrationspolitik. Es liegen gesicherte Erkenntnisse darüber vor, daß langfristig die Zahl der Jugendlichen nicht ausreicht, um den Bedarf an Facharbeitern zu decken oder die Renten zu sichern. Wir sollten froh darüber sein, daß wir durch die vorhandene und zu steuernde Einwanderung eine solche negative Entwicklung zumindest abfedern können und sollten Zuwanderung auch als Bereicherung und in diesem Sinne als Glücksfall begreifen[24]. Nur durch eine solche Sichtweise und politische Neuorientierung würde das Einwanderungsland Deutschland endlich einen positiven Schlußstrich unter seine 40jährige Geschichte der Anwerbung ziehen und seiner Verpflichtung gerecht werden, die dadurch entstanden ist, daß Millionen von ausländischen Arbeitskräften ins Land geholt wurden.

---

24 Vgl. Bernd Hof, Möglichkeiten und Grenzen der Eingliederung von Zuwanderern in den deutschen Arbeitsmarkt, in: Aus Politik und Zeitgeschichte, 48 (1994), S. 11ff; Reiner Hans Dinkel / Uwe Lebok, Demographische Aspekte der vergangenen und zukünftigen Zuwanderung nach Deutschland, in: Aus Politik und Zeitgeschichte, 48 (1994), S. 27ff; Beate Winkler, Einwanderung: Kernfrage unserer Gesellschaft und Herausforderung an die Politik, in: Aus Politik und Zeitgeschichte, 48 (1994), S. 3ff.

Ältere Ausländer in Baden-Württemberg

Von: Ministerin Helga Solinger, Ministerin für Arbeit, Gesundheit und Sozialordnung Baden-Württemberg

40 Jahre Zuwanderung nach Baden-Württemberg unter dem Motto "Gäste, die arbeiten": Ein Unterfangen, das von Anfang an voller Täuschungen, Vortäuschungen und zwangsläufigen Enttäuschungen war - genauso wie der Begriff "Gastarbeiter" selbst rückblickend in einer fatalen Klangreihe steht mit "Fremdarbeiter" und "Zwangsarbeiter". Gerade mal 10 Jahre nach Kriegsende hatten wir in Westdeutschland mit dem kräftigen Wirtschaftswachstum etwas, was andere dringend brauchten: *Arbeit* - da wurde in Kauf genommen, daß es mit dem Gaststatus so eine Sache war. Die inländischen Potentiale konnten die wachsende Nachfrage nach Arbeitskräften nicht abdecken - wegen der ungünstigen Altersstruktur der deutschen Bevölkerung, - weil der Aufbau der Bundeswehr einige hunderttausend junge Männer dem Arbeitsmarkt entzog, die Lebensarbeitszeit sich durch verlängerte Schul- und Ausbildungszeiten einerseits und vorgezogenen Ruhestand andererseits verkürzte und die Zuwanderung aus der DDR zurückging.

Die Bundesregierung ergriff in Zusammenarbeit mit der deutschen Wirtschaft verstärkt Initiativen, um meist junge männliche Arbeitskräfte aus den südeuropäischen Ländern, insbesondere für das produzierende Gewerbe anzuwerben. Eigentlich sollte die Beschäftigung ausländischer Arbeitskräfte nur vorübergehend sein. Durch das anhaltende Wirtschaftswachstum wurde daraus immer mehr ein Regelzustand. Und auch das ursprünglich vorgesehene Rotationsprinzip wurde bald aufgegeben - weniger den "Gästen" zuliebe.

Die deutschen Arbeitgeber waren am Verbleib der inzwischen eingearbeiteten ausländischen Arbeitskräfte interessiert, und so konnte auf Dauer dieser neuen Bevölkerungsgruppe auch der Nachzug ihrer Familienangehörigen nicht mehr verwehrt werden. Der Anwerbestop im Zuge der durch den Ölschock ausgelösten Wirtschaftskrise 1973/74 schränkte den Zuzug neuer Arbeitskräfte aus den Anwerbeländern stark ein - bis 1974 war die Zahl der ausländischen Bevölkerung in Baden-Württemberg von 150.000

im Jahr 1960 auf 900.000 gestiegen. Sie blieb mit geringen Schwankungen bis 1988 auf diesem Niveau, wobei der Zuzug ganz überwiegend nur noch im Wege des Familiennachzugs erfolgte. Durch den Familiennachzug entstanden so mehr komplette Familien bzw. wurden auch neue Familien gegründet. Der Anwerbestop provozierte gewissermaßen, daß ansässige Ausländer nicht mehr in ihre Heimatländer zurückkehrten, um ihren erworbenen Aufenthaltsstatus nicht zu verlieren. Stattdessen holten sie verstärkt ihre Familien nach.

Hierdurch trat im Laufe der Zeit ein deutlicher Wandel in der Lebensplanung dieser Menschen ein. Der zunächst ernsthaft verfolgte Rückkehrwunsch entwickelte sich mit zunehmender Aufenthaltsdauer immer mehr zu einer zwar nicht aufgegebenen, aber doch immer wieder hinausgeschobenen sog. "Rückkehrillusion". Je stärker sich der Lebensmittelpunkt nach Deutschland verlagerte, desto stärker rückten auch die Fragen "Integration", "Assimilation", Rückkehrprämie, Gewährung oder Verweigerung von Bürgerrechten in den Mittelpunkt der äußerst kontrovers geführten bundesrepublikanischen Diskussion.

Trotz positiver sozial- und bildungspolitischer Integrationsmaßnahmen mit beträchtlichen öffentlichen Mitteln, durch die soziale Beratung und Betreuung der Ligaverbände der freien Wohlfahrtspflege, durch zahlreiche Bürgerinitiativen auch angesichts der gewachsenen Beziehungen zwischen Deutschen und Ausländern am Arbeitsplatz, in der Nachbarschaft, im Verein, in der Schule, bis heute ist der sprachliche Seiltanz verräterisch zwischen "unsere ausländischen Mitbewohner", "Kollegen", "Freunde" und "Mitbürgerinnen/Mitbürger" - letzteres gerät zum Bekenntnis, daß eine Neuordnung des Staatsangehörigenrechts dringend geboten ist, daß keine ideologischen Klimmzüge zum Thema "Einwanderungsland ja oder nein" etwas daran ändern, daß die große Mehrheit der ausländischen Bevölkerung bei uns eingewandert ist.

In den letzten Jahren hat die ausländische Bevölkerung in Baden-Württemberg wieder stark zugenommen. Bis Ende 1993 auf 1,3 Mio; dies entspricht einem Ausländeranteil von 13 %.

- Zum einen wurde der Arbeitsmarkt für EU-Staatsangehörige seit 1992 vollständig geöffnet.
- Die Asylbewerberzahlen nahmen anfangs der 90er Jahre dramatisch zu.
- Bürgerkriegsflüchtlinge aus dem ehemaligen Jugoslawien wurden in einer beachtlichen humanitären Leistung in großer Anzahl in Baden-Württemberg aufgenommen.

- Die Öffnung der Grenzen zu den mittel- und osteuropäischen Staaten führte ebenfalls - trotz gesetzlicher Beschränkungen - zu vielfältigen, wenn auch oftmals temporären Beschäftigungsverhältnissen, eine neue Form der "Gast-Arbeitnehmer".

Den größten Anteil unter den ausländischen Bevölkerungsgruppen nehmen die türkischen Staatsangehörigen mit 27 % ein. Darauf folgen die (ehemaligen) Jugoslawen mit 22 %, Italiener mit 15 % und Griechen mit 7 %. Gerade aus diesen klassischen Anwerbeländern kommen die 60 %, die seit über 10 Jahren bei uns leben, bzw. die 40 %, die seit mehr als 15 Jahren hier sind; ihre Kinder und Enkel sind überwiegend hier geboren und haben ihr bisheriges Leben meist einzig in unserem Land verbracht. Was sie uns an kultureller Bereicherung im weitesten Sinne gebracht haben, ist nicht zu beziffern. Eher beziffern läßt sich der volkswirtschaftliche Gewinn der "Ausländerbeschäftigung", ohne die unsere Wirtschaft und wichtige Dienstleistungsbereiche funktionsunfähig wären.

Das Institut der deutschen Wirtschaft hat für das Jahr 1991 einen Gewinn für Staatskassen und Sozialversicherungen durch Zuwanderer in Höhe von 41 Mrd DM errechnet! Wenn man so will: hier ist die Rechnung aufgegangen. Inwieweit gilt dies für die ehemaligen "Gastarbeiter", für ihr subjektives Erleben und ihre objektive Situation? Immer mehr kommen in das Rentenalter; viele werden in jetzigen Zeiten der Massenarbeitslosigkeit, wie auch viele ihrer deutschen Kollegen und Kolleginnen, vorzeitig aus dem Erwerbsleben herauskatapultiert. Wie diese stehen sie vor der Frage, was mit dem ersehnten oder erzwungenen Ruhestand anfangen. Zusätzlich stehen sie vor dem Problem: wie "alt werden in der Fremde" - nachdem allzuvielen die neue "Heimat" verweigert wurde.

In Deutschland sind ca. 350.000 Ausländer über 55 Jahre. In 5 Jahren werden es 660.000 und 2010 1,1 Mio Menschen sein. In Baden-Württemberg sind ca. 42.000 Ausländer über 60 Jahre, das sind 4 % der ausländischen Bevölkerung. Bis zum Jahr 2000 ist eine Verdoppelung auf 80.000 zu erwarten.

Die Stadt Stuttgart hat nach Zahlen von Anfang der 90er Jahre bei rund 550.000 Einwohnern

ca. 106.000 Ausländer und darunter

ca. 84.000 aus Anwerbeländern

ca. 2.980 sind über 60 Jahre alt und stehen

ca. 122.000 Deutschen über 60 Jahre gegenüber.

Rückgewandert ist etwa die Hälfte der über 60jährigen Ausländer. Alleine wohnen ca. 46 % der Ausländer, fast soviel wie deutsche "Singles". Ohne Ehepartner leben ca. 5.000 über 45jährige Ausländer.

Je nach Anwerbesituation und Industrieansiedlung unterscheidet sich in den Ballungszentren des Landes der Anteil der Nationalitäten und der Geschlechter.

Orientierungen und Einstellungen divergieren zum Teil erheblich: nach der DIFU-Studie 1994 "Migranten im Alter" orientiert ein Drittel aller Türken den Aufenthalt in Baden-Württemberg daran, ob ein Sparziel erreicht wird (nur 8 % wollen auf Dauer bleiben).

86 % tätigen Investitionen und halten Kontakte ins Heimatland,

70 % erwarten Pflege von den eigenen Kindern.

Unter den Italienern dagegen benennt niemand ein Sparziel, ein Viertel will auf Dauer bleiben, 40 % haben für zuhause investiert, 90 % erwarten Pflege von den eigenen Kindern.

Motive, um im Alter in Deutschland zu bleiben sind meist:

-Kinder und Familien hier

-Entwurzelung dort

-Gesundheitsversorgung und gewisse soziale Absicherung hier

-Verlust von Leistungen dort.

Die Stichworte mögen genügen für folgende Zusammenfassung:

a) Das Problem älter werdender Ausländer in unserem Land stellt sich weniger vom derzeitigen Zahlenumfang, vielmehr von der raschen künftigen Entwicklung. In der Praxis der baden-württembergischen Altenpflege wird derzeit eher von wenig Nachfrage berichtet, deutliche Hinweise auf wachsende Probleme kommen von den Sozialberatern.

b) Ein Sammelbegriff "Ausländische Senioren" wäre viel zu pauschal. Er vernachlässigt wichtige Unterschiede zwischen den Nationalitäten, innerhalb ethnischer Gruppen, aufgrund religiöser und kultureller Wurzeln und Bindungen; übersieht Problemschwerpunkte, die sich aus einem besonders schwach ausgeprägten Integrationsgrad ergeben, signalisiert durch geringe Sprachkenntnisse sowie wenig Wissen über soziale Strukturen, Rechte und Angebote. Dies gilt besonders auch für Frauen, die nicht berufstätig waren und im familiären Kreis blieben oder nur in Gruppen von Landsleuten arbeiteten.

c) Lebensweisen und -vorstellungen zwischen Ausländern und Deutschen sind ähnlicher als manche vermuten, z.B. das Alleinewohnen, oft auch Alleineleben. Die hohe Wertschätzung der Mobilität, der Chance jederzeit irgendwohin umziehen zu können, gleichzeitig die Wunschvorstellung von einer späteren Pflege in der und durch die Familie - eine Hoffnung oft ohne realistische Basis.

Je mehr "Arbeit" den Lebensinhalt bildete, je mehr aus der Berufstätigkeit Anerkennung, Bestätigung und Selbstwertgefühle geschöpft wurden, desto schwerer wird es deutschen wie ausländischen Senioren, in der 3. Lebensphase einen neuen Lebensinhalt, neue Rollen, Kommunikationsfelder und soziale Kontakte zu finden. Für die jetzigen und künftigen Senioren der ersten Zuwanderergeneration gilt allerdings in besonderem Maße, daß sie über Arbeit definiert wurden - hieraus erwuchs ihnen ja die Berechtigung überhaupt hier zu sein. Am ehesten fanden sie Akzeptanz als Arbeitskollege/Kollegin, Arbeit brachte den gewissen Wohlstand, der hier wie im Ursprungsland die Auswanderung legitimierte, sie als "erfolgreich" erscheinen ließ.
Die "Gastarbeiter gehen in Rente" - wie müssen in unserem Land, in den Städten und Gemeinden, Rahmenbedingungen aussehen, die ihnen ein Altwerden, Alt-Sein, auch ein Sterben in Selbstbestimmung und Würde erlauben?
Wäre es eine Lösung des Problems, spezielle ethnische Dienstleistungen und Einrichtungen zu entwickeln? Bedarf es etwa türkischer ambulanter Dienste, türkischer Altenheime? Oder wären solche Dienste und Einrichtungen nicht vielmehr neue, nur eben fachlich und kulturell verbrämte Ghettos in unseren Städten und Gemeinden? Ich meine, daß wir damit den ebenso notwendigen wie berechtigten Anspruch auf Integration gerade auch für den letzten Lebensabschnitt vollends aufgeben würden und zwar auf beiden Seiten.
Nein, es geht nicht um neue, spezielle Dienstleistungen und Altenhilfeeinrichtungen. Vielmehr geht es darum, bestehende Angebote und Einrichtungen so zu gestalten, so "kulturell" auszubauen, daß die jeweiligen Lebensweisen Raum finden, die religiösen und kulturellen Anprüche und Bedürfnisse eingelöst werden können; daß sich dort auch jemand wohl fühlen, sich als respektiert und gut aufgehoben erleben kann, dessen Verständnis von Lebensgestaltung im Alter, von Pflege und vom Sterben von anderer Art ist.
Es geht um Grundwerte: um die Würde des Menschen, sein Anspruch auf Respekt und Toleranz, um Religionsfreiheit und um soziale Gerechtigkeit. Die Herausforderung beschränkt sich nicht nur auf eine Weiterentwicklung der Altenarbeit, sondern umfaßt die kulturelle Erweiterung des Ausländerthemas in Deutschland. Dazu gehört auch die Verständigung über die Grundwerte zwischen allen Beteiligten.

Die Landesregierung ist sich ihrer Verantwortung bewußt und bemüht sich um praktische Konzepte für das "Älterwerden in der Fremde" hier in Baden-Württemberg. Sie folgt damit auch dem Auftrag des Untersuchungsausschusses "Würde und Selbstbestimmung im Alter". Das Sozialministerium sucht eine breite sozialpflegerische wie sozialkulturelle Annäherung an die Aufgabenstellung.

Vorrangig ist die Schärfung des Bewußtseins in der Fachöffentlichkeit, in der Bevölkerung, bei den Betroffenen, in Politik und Medien. Dem diente ein Expertenhearing des Sozialministeriums 1992, oder auch Foto- und Plakatausstellungen 1992 und 1994 in Karlsruhe und Stuttgart zum Thema "Altwerden in der Fremde".

Die gängigsten Forderungen, die in der inzwischen umfangreich gewordenen Fachliteratur erhoben werden, sehen hochflexible, bedarfsnahe, niedrigschwellige Dienste vor.

Die vom Sozialministerium mitfinanzierte bereits erwähnte Studie des Deutschen Instituts für Urbanistik kommt zu folgenden Maßnahmevorschlägen:

1. das Einbeziehen des nationalen, ethnischen und kulturellen Hintergrundes älterer Ausländer,
2. das Eingehen auf die geschlechtsspezifischen Bedürfnisse,
3. die Berücksichtigung der geringen Sprachkenntisse,
4. die Nutzung der innerethnischen Infrastruktur (Familie, Nachbarschaft, Verein, Begegnungsstätte),

was unter anderem heißen kann

- Verzahnung der Sozialberatungs- und Altenhilfeansätze
- Bereitstellung von spezifischen Räumen und Kommunikationshilfen
- Muttersprachliche Kräfte im Pflegebereich
- besondere Wohn- und Informationsangebote,
- das Sozialministerium fördert und unterstützt so z.B.: Seminar- und Studienmaßnahmen wie Begegnung Stuttgart-Bologna/Griechenland-Baden-Württemberg, mit Caritas und Diakonischem Werk
- muttersprachliche Angehörigen- und Fachkraftpflegekurse, besonders in Tübingen (Verein Hirsch e.V. Tübingen)
- Fachtagungen des Gesundheitsamtes Heidelberg zum Thema Ausländer/Gesundheit/Vorurteile oder der Arbeiterwohlfahrt Mannheim (1995) speziell für Sozialberater
- als besonders lehrreich und auch zukunftsweisend hat sich bereits jetzt die Teilnahme der Stadt Mannheim an dem Landesprojekt "Initiative 3. Lebensalter" erwiesen. In dessen Mittelpunkt steht die Unterstützung der älteren Generation bei der aktiven Gestaltung ihrer Lebensbedingungen,

ihre Mitwirkung bei der Anpassung kommunaler Strukturen und bestehender Einrichtungen und Dienste an ihre spezifischen Bedürfnisse und Wünsche. Durch Stärkung der Selbsthilfepotentiale, der Selbstorganisation und der bürgerschaftlichen Mitverantwortung sollen die älteren Menschen Handelnde und Prägende ihrer Lebensumstände werden. In Mannheim, mit beinahe 19.000 türkischen Einwohnern, 1.700 davon über 55 Jahre, steht das Projekt unter dem Titel "Älterwerden zwischen den Kulturen". Es ist der Versuch, die ausländischen Senioren in diese neue "Altenpolitik" zu integrieren.
Mit der Stadt Mannheim und der Arbeiterwohlfahrt erproben wir gemeinsam binationale und multikulturelle Projekte im türkischen Volkshaus Mannheim und dem Stadtteilprojekt "Tagesstätte Jungbusch". Im Jungbusch erreichen wir vor allem türkische Männer im Durchschnittsalter von 60 Jahren, im Volkshaus wie bei den anderen Seniorenprojekten ein altersmäßig breit gestreutes Publikum. Diese bürgerschaftlichen Arbeitsansätze haben das Ziel:

- Förderung der Kommunikation/des Kontakts
- Förderung der Bedürfnisartikulation
- Aktivierung von Ressourcen zur Förderung von Selbsthilfeaktivitäten
- Heimat in der Fremde finden.

Aus dem diesjährigen Zwischenbericht möchte ich zitieren:
"Ein beträchtlicher Teil der männlichen türkischen Migranten lebt sehr isoliert ohne Familie. Die Mehrzahl der Besucher verfügt über geringe deutsche Sprachkenntnisse (die z.T. schon wieder vergessen wurden), sowie über einen niedrigen Bildungsstand. Feststellbar sind große Informationsdefizite über das deutsche Sozialsystem sowie erheblichen Zugangsbarrieren gegenüber deutschen Regelversorgungseinrichtungen, resp. Einrichtungen der 'offiziellen' Altenarbeit und Altenhilfe. Die Hemmschwelle, sich in öffentliche 'Räume' zu begeben, wird sicherlich auch durch die verstärkte Ausländerfeindlichkeit erhöht".

- Eine Einrichtung wie eine *Altentagesstätte* ist der Zielgruppe aus ihrer Heimat unbekannt.
- Der Begriff "Freizeit" (=leere Zeit) ist negativ besetzt.

Nach türkischem Verständnis spricht man in der "Öffentlichkeit" außerhalb der Intimsphäre des Familien- und Freundeskreises nicht über seine privaten Probleme und Gefühle, da man dort seine Ehre und sein Gesicht wahren muß. Um dies zu überwinden, muß in der offenen Arbeit erst eine vertrauensvolle Basis mit der Zielgruppe geschaffen werden, aus der sich dann neue Traditionen und Strukturen einer "Halböffentlichkeit" entwickeln können.

Und als Ergebnis wird nach zwei Projektjahren vermerkt:
"Die Besucher kommen zunehmend aus der Sprachlosigkeit heraus und sind bereit, öffentlich über ihre Probleme und - vor allen Dingen - über ihre Gefühle zu sprechen - ebenso wie über ihre Migrationserfahrungen". Unter den Stichworten "Begegnungen, Kommunikation, Gesundheit" im Türkischen Volkshaus wird über den Brückenbau im Zusammenleben deutscher und türkischer älterer Menschen nach zwei Jahren festgehalten:

- Durch dieses Projekt findet die erste Generation der Türken in Mannheim ihre Berücksichtigung. Die Betroffenen fühlen sich akzeptiert.
- Obwohl wir im Rahmen des Projektes als Zielgruppe nur die erste Generation einbeziehen wollten, war unsere Arbeit "generationsübergreifend."
- Es hat sich gezeigt, daß Junge und Alte gemeinsam feiern möchten.
- Die türkischen Senioren wurden durch diverse Veranstaltungen aktiviert und motiviert, weiter Unternehmungen mitzumachen.
- Es haben Begegnungen mit deutschen und türkischen Senioren stattgefunden. Gemeinsame kulturelle Aktivitäten wurden durchgeführt.
- Die deutschen Senioren wurden aufmerksam auf die ausländischen Senioren und daraus hat ein Dialog stattgefunden.
- Die zweite Generation der Türken, die von dem Projekt erfahren hat, brachte ihre Eltern zu den Aktivitäten mit.

Im Bereich Gesundheit ist Ziel:

- Aufbau eines Informationsbüros in Zusammenarbeit mit den türkischen Ärzten in Mannheim und Umgebung. Hier wurden schon erste Gespräche geführt.
- Vernetzung der Institutionen im Medizinbereich, um eine bessere Verständigung zwischen Ärzten und Patienten zu erreichen.
- Zur Erleichterung der Kommunikation wurden Deutschkurse für türkische Senioren angeboten.

Bei allen Projekten der Initiative 3. Lebensalter orientieren wir uns beim methodischen Vorgehen an Erfahrungen der Gemeinwesenarbeit, die über den regionalen Aspekt etwa der Stadtteilarbeit weit hinausgeht. Schließlich ist Gemeinschaft und Gemeinwesen nicht nur an einen Ort oder einen Stadtteil gebunden, sondern ruht im tiefsten Sinn des Wortes im Gemeinsamen und Wesentlichen. In dem, was gemein ist, ist das Allgemeine und Gemeinsame. In dem, was wesentlich ist, ist das Differenzierte und Besondere.

Für die ausländischen Seniorinnen und Senioren die notwendigen und erforderlichen Rahmenbedingungen für ihr Altwerden zu schaffen, heißt:

- sie einbeziehen in die bürgerschaftliche Mitwirkung und Mitverantwortung!
- Bürgerpflichten und Bürgerrechte wahrnehmen, setzt ja wohl voraus, daß man sie hat.

"Wie geht diese Gesellschaft mit der inzwischen altgewordenen ersten Gastarbeitergeneration um? Unternimmt sie Anstrengungen, ihre Schuld gegenüber diesen Menschen abzutragen?" Diese Frage formulieren Susanne Becker und Werner Rudolph in ihrem Buch "Handlungsorientierte Seniorenbildung" (Opladen 1994). Die Verquickung von ethnischen und moralischen Fragen scheint mir wenig hilfreich. Sie läßt sofort Täter und Opfer, Schuldige und Unschuldige, Subjekte und Objekte entstehen und trägt in keiner Weise zur Handlungsfähigkeit aller Beteiligten bei. Die Vielschichtigkeit persönlicher Verursachung und individueller Verantwortung geht verloren unter einer kollektiven Schulddimension.

Ebenso ist die Verquickung von sozialen Hilfebeziehungen als einer prinzipiell interkulturellen Begegnung wichtig, aber nicht ausschließlich.

Eher sind Überlegungen der Expertin, Frau Maria Dietzel-Papakyriakou, hilfreich. Sie hält beispielsweise die mangelnde Sprachverfügung älterer Ausländer nicht nur für ein Wissens- oder Benachteiligungsproblem, sondern auch für einen Ausdruck migrationsbedingten Widerstandes. Sie sieht auch die Rolle der ausländischen älteren Frauen als ein migrationsgeprüftes "Matriarchat" nicht nur von Defiziten geprägt. In den vielfältigen Verhaltensweisen, die als Hindernisse gemeinsamer sozialer Arbeit gelten, drückt sich ein Stück eigene Identität aus. Diese kann nicht wegpädagogisiert werden, sondern ist ein Element der Selbständigkeit der ausländischen Senioren.

Ich möchte die Theorie des amerikanischen Sozialwissenschaftlers Michael Walzer übernehmen. Er spricht von der "Theorie der Differenz" und betont, daß der zivilisatorische Fortschritt immer dann deutlich wurde, wenn es den Menschen gelungen ist, die vielfältigen Entwicklungen voneinander weg und zueinander hin zu unterscheiden, zu akzeptieren und miteinander auszuhalten. Im Bewußtsein der Unterschiede, sozialer, ethnischer, kultureller Aspekte kann es auf der ethnischen Ebene durchaus sein, daß gemeinsame Grundwerte anerkannt werden, aber völlig verschiedene kulturelle Lebensweisen zu akzeptieren sind. Beim herrschenden deutschen Staatsbürgerbegriff ist dies schwieriger als in den USA, weil es nicht den Vorrang des Wohnortprinzips gibt, sondern den der Herkunft.

In drei Phasen beschreibt Walzer, was notwendig ist für eine produktive Zusammenarbeit:

Artikulation, Verhandlung und *Inkorporation*:
Unter *Artikulation* ist dabei der umfassende Versuch zu verstehen, die eigene Lebenslage zu verstehen, benennen, beschreiben und ausdrücken zu können. In unserem Fall ist dieser Aspekt so wichtig, weil älteren Ausländern in Deutschland nicht automatisch unterstellt werden kann, daß die Artikulation ihrer Interessen- und Lebenslagenbedürfnisse identisch mit denen ihres Heimatlandes ist. Ebensowenig kann davon ausgegangen werden, daß diese Interessen gleich sind mit deutschen Senioren, nur weil beide alt sind.
Verhandlungen sind umfassende Vorgänge des Interessenausgleichs zwischen einzelnen Menschen und Menschengruppen und betreffen unterschiedlichste Verhandlungs- und Vertragsformen.
Schließlich ist die *Inkorporation* der Vorgang, der den einzelnen Menschen nicht "integriert", sondern ihn in seiner Gruppe, mit seinem Umfeld, mit seinen Werten als Element einer vielschichtigen Gemeinschaft beteiligt und teilhaben läßt. Solche Inkorporationen gelingen am besten in Projekten und konkreten Maßnahmen, weniger über Bekenntnisse. Dies alles setzt das "Empowerment" voraus, d.h. eine gezielte Ermutigung und Befähigung der Betroffenen - also auch der Ausländer und ihrer Meinungsführer - diesen Weg zu gehen.
Im Mannheimer türkisch-deutschen Projekt sind auf der jeweiligen Ebene produktiv Differenzen angesagt.
In der türkischen Kleingruppe der Tagesstätte im Stadtteilzentrum Jungbusch ist eine Differenzfrage des Verhältnisses zwischen älteren Männern und Frauen.
Dieses wurde dort konsequent durch die Mitarbeiterinnen der Arbeiterwohlfahrt angegangen.
Im türkischen Volkshaus Mannheim ist eine Differenzfrage nach Fachkräften und Nichtfachkräften, nach pädagogisch gesteuerten Anteilen und dem unmittelbaren Bedürfnis von Besuchern nach selbstgesteuerten Aktivitäten aufgrund eigener Fähigkeit und Kompetenz.
In allen deutsch-türkischen Projekten in Mannheim verknüpft sich die ethnische Frage zwischen beiden Nationen mit weiteren Differenzierungen: innerhalb der türkischen Senioren z.B. hinsichtlich der Kurdenfrage, oder religiöser Konflikte zwischen Alaviten, Suniten und Fundamentalisten, oder die Klassenfrage zwischen den Besuchern des Jungbusches und den Besuchern des Volkshauses, oder die multikulturellen Durchmischungen in den Familien, oder hinsichtlich des Aufenthaltsstatutes.
Auf der institutionellen Ebene integriert der im wesentlichen engagierte Trägerverband Arbeiterwohlfahrt deutsche, türkische, internationale Inter-

essen und soziale Dienstleistungen. Er handelt im eigenen Interesse sowie subsidiär als Mitglied einer Stadtteilgemeinschaft und im weiteren Sinne als Auftragnehmer der Stadt Mannheim. Entsprechend unterschiedlich sind seine Interessen sowie Finanzausstattungen. Das Projekt ist somit selbst ein Interessenkompromiß.

Alle Träger stationärer oder ambulanter sozialer Dienstleistungen stehen vor der schwierigen Frage, wieviel Spezialisierung sie für die Versorgung z.B. türkischer Mitbürger vorhalten oder organisieren müssen. Dies ist eine Frage der betriebswirtschaftlichen Organisation: welcher Bedarf besteht hinsichtlich der Versorgungsdichte und etwa sprachlicher und medizinischer Kompetenz, wie auch eine psychologisch-ethische Frage: welches Maß an Wohnortnähe oder an Gruppenzugehörigkeit brauchen die Menschen. In jedem Fall wird es ein Kompromiß zwischen den Zielen geben müssen.

Auszuhandeln ist auf kommunaler Ebene jedesmal der Stellenwert dieser Fragestellung in bezug auf die allgemeine ausländerpolitische Debatte, wie auch in der Prioritätensetzung bei der Altenhilfe - und generell in der Sozialpolitik. Und wie stark identifiziert sich die kommunale Spitze mit einem solchen Projekt, wie konsequent gelingt seine Verankerung in der deutschen und türkischen Bürgerschaft.

Wie sprechen sich die Träger solcher Initiativen innerhalb und außerhalb der Arbeiterwohlfahrt auf Landesebene ab? Wie werden in unserem Beispiel die Interessen älterer Türken in der Sozialpolitik auf Landesebene und Bundesebene vertreten? Braucht es etwa einen eigenen türkischen Wohlfahrtsverband? Oder ist die Gemeinsamkeit der "Senioren" stark genug für eine interkulturelle Selbstorganisation zur Interessenvertretung?

"Ethnische Kolonien" sind tatsächlich entstanden oder bilden sich insbesondere bei der zunehmenden Isolierung des Alters oder durch Pflegebedürftigkeit im Alter neu. Solche zum Teil ethnisch kulturell gefärbten Kolonien sind Teil des vielfältigen Wachsens der sozialen Landschaft, müssen als solche gesehen, ernstgenommen, gewürdigt, sollten aber auch nicht angstvoll stigmatisierend überhöht werden. Letztlich gilt auch im Bereich älterer Ausländer die Tendenz zur Individualisierung. Nicht durch eindimensionale Integration, weder in eine deutsche noch in eine eigene ethnische Nationalität, ist langfristig das Problem zu lösen, sondern durch den Mut der Individuen, sich in vielfältiger Weise zu betätigen und zu binden.

Auf der kommunalen Ebene sind derzeit besondere Bemühungen erforderlich und als eine Art Zukunftswerkstatt kommender sozialer Probleme voranzutreiben. Dabei scheint es sinnvoll, das Thema von vornherein nicht als ein Versorgungsthema, sondern als ein Identitätsthema anzugehen, d.h. unter Einbeziehung von Betroffenen selbst Antworten zu finden, die deren Eigenbeteiligung, Mitgestaltung und Mitverantwortung vorsehen. Alle Initiativen der Selbsthilfe bedürfen einer besonderen Unterstützung.

Auf der sozialstaatlichen Ebene ist die Situation älterer Ausländer stärker zu berücksichtigen. Vom Kreisseniorenrat bis zur europäischen Kommission muß es ein selbstverständliches Teilthema sein: wie ist die Differenziertheit unterschiedlichster Herkünfte und religiös-kulturell unterschiedlicher Mentalitäten angemessen zu berücksichtigen. Dies darf weder zu unhinterfragter Zwangsintegration führen, noch zu einem Pseudo-Liberalismus, der alle fundamentalistischen Tendenzen egal auf welcher Seite als Gruppen- oder Religionsfreiheiten nachträglich legitimiert. Schließlich ist die multikulturelle Gesellschaft kein beliebiges Nebeneinander von Kulturen, sondern der Versuch unter Rückversicherung kultureller Besonderheit ständig an gemeinsamen Wertegrundlagen zu arbeiten.

Dafür hat die Sozialpolitik ihren Beitrag zu leisten. Ich hoffe auf die Kraft und Bereitschaft der älteren Generation - sowohl auf deutscher wie ausländischer Seite - verantwortungsbewußt sich dieser Aufgabe zu stellen und gemeinsam ihre unterschiedlichen Interessen zu vertreten und auch einzufordern.

Literaturliste

Becker, Susanne; Rudolph, Werner: Handlungsorientierte Seniorenbildung. Modellprojekte: Konzeptionelle Überlegungen - praktische Beispiele. Opladen: Leske & Budrich 1994.

Dietzel-Papakyriakou, Maria: Ministerium für Arbeit, Gesundheit und Sozialordnung: Die Bürgerbüros, aus der Reihe Bürgerschaftliches Engagement, Bd. 1. Stuttgart 1995.

Schuleri-Hartje, Ulla-Kristina: Migranten im Alter. Möglichkeiten kommunaler Altenhilfe.

Difu-Beiträge zur Stadtforschung; 12. Berlin: Deutsches Institut für Urbanistik, 1994.

Walzer, Michael: Zivile Gesellschaft und amerikanische Demokratie. Berlin: Rotbuch 1992.

Ein Blick auf 40 Jahre der italienischen Einwanderung in Baden-Württemberg

von: Prälat Battista Mutti, Katholische Mission Stuttgart

Im Jahre 1951 war ich zu Gast bei den Oblaten-Patres in Hünfeld für einige Wochen. Dort freundete ich mich mit dem Theologen Franz Reichelt an, einem Vertriebenen aus dem Sudetenland, dessen Mutter in Saalfeld lebte. Zufällig kamen wir eines Tages in die Nähe eines Flüchtlingslagers in Hilders. Wir gingen in das Lager und mein Freund traf dort Landsleute. Wir erfuhren von der traurigen Geschichte ihrer Auswanderung durch Gewalt.
Franz Reichelt wurde ein Jahr darauf zum Priester geweiht und durfte sein Primiz in Albstadt feiern. Ich durfte persönlich daran teilnehmen. Wir waren beide überrascht von der herzlichen Aufnahme der Leute, als ob wir die besten Söhne der Gemeinde wären. Die ganze Gemeinde veranstaltete ein Fest auf einem Platz. Die gesamte Bevölkerung, sogar Behinderte auf dem Rollstuhl, waren dabei. Der Bürgermeister sprach zu dem Primizianten: "Lieber Franz, vielleicht wirst Du mir sagen: Ich bin traurig, weil meine Mutter fehlt... Franz, schau diesen Frauen hier ins Gesicht, jede ist heute Deine Mutter, jede Familie hier ist Deine Familie."

Am 13. Juni 1953 kam ich nach Stuttgart zur Betreuung meiner Landsleute. Mich begleiteten die Worte dieses Bürgermeisters von Albstadt. Ich fragte mich: Werde ich hier auch Menschen mit einem solchen Geist und Herzen finden? Werden die Verhältnisse meiner Landsleute ähnlich sein wie die der Flüchtlingslager?
Werfen wir einen Blick auf die erste Einwanderung Ende des letzten Jahrhunderts. Ein Zeuge dieser Einwanderung ist der Stern auf dem Hauptbahnhof in Stuttgart.
Es waren Italiener, eigentlich Tausend von der Firma Battista Zerbelloni, die von 1922 bis 1927 am Bau des Hauptbahnhofes beteiligt waren. Viele andere haben an Bahnlinien, Tunneln und Strassen gebaut, oder waren in der Ziegelei tätig, manche auch selbständig als Plattenleger. Italienische Frauen waren im Textilbereich in Esslingen (Fa. Merkle und Kienle), in

der Gegend von Reutlingen, im Gebiet von Baden, wie in Gutach als Arbeiterinnen sehr geschätzt. Stuttgart war damals bekannt. Der einzige Bau, der vom Krieg nicht zerstört war, steht vor mir: Der Hindenburg-Bau. Er war von der Besatzungsmacht der Amerikaner okkupiert. Rechts und links, hinten und vorne nur Ruinen.

Die Königstrasse, früher geschmückt mit dem Schloß, dem Königsbau mit seinem Säulengang - heute nur armselige Ladenbaracken. Nach dem Zweiten Weltkrieg kamen neue Italiener hinzu: Ehemalige Gefangene, Lagerinsassen, Ziegelarbeiter aus Frankreich, auch Stoffhändler (Schwindler) aus Maddaloni, Napoli. Es galt, das Schicksal dieser Menschen zu erfahren und zu helfen, kein Opfer zu scheuen, die Not zu lindern.

Die Antwort war sehr positiv, sei es von der deutschen wie von der italienischen Seite. Es war hier auch vom Geist jenes Bürgermeisters von Albstadt etwas zu spüren. Frau Ann Wipper beim Caritasverband - in Italien ehemalige Erzieherin der jetzigen Königin Paola von Belgien - war schon immer eine Helferin und Beschützerin der Italiener. Ihre Türe war immer offen, um Mittel jeder Art für die Not befindlichen Italiener zu spenden.

Der Arzt Dr. Wilfried Vollmer, leider verstorben, hatte in der letzten Zeit bis zu 150 italienische Patienten in seiner Praxis betreut. Bei seinem ersten Besuch bei mir erklärte er mir seine Berufung zum Dienst an den Italienern. "Während des Krieges, wo ich in den Abbruzzen als Militärarzt Dienst machte, erlebte ich, wie einige Wehrmachtswagen an einer gefährlichen Stelle umkippten und viele Soldaten verletzt wurden. Ich mußte dort ärztlichen Dienst tun. Da sah ich, wie ältere Frauen aus dem Dorf kamen, um den Verwundeten zu helfen.

Erstaunt fragte ich sie, warum sie dies tun, nachdem die Soldaten doch ihre Feinde seien. Die Antwort der Frauen hat mich erschüttert: "Diese sind für uns Söhne, und wir sind Mütter."

Meine erste Aufgabe war: Helfer suchen, katastrophale Wohnverhältnisse-Familienmisere kennenzulernen.

Ich war unterwegs auf der Suche nach den Landsleuten. In der Nähe des Lindenmuseums hörte ich das Stöhnen eines Kindes. Eine Blech-Hütte mit einem Pappdach war zu sehen, kaum 2 Quadratmeter groß. Da heraus kam das Stöhnen. Eine solche Enge habe ich nicht einmal in den Favelas in Rio, Sao Paulo, Curitiba, Lima erlebt. Auch hier lebte ein Italiener mit Frau und Kind. In Cannstatt, nahe am Römerkastell, treffe ich eine Familie mit elf Kindern in einem Raum. Eine Misere. Der Vater kämpft um das Überleben.

In der Ziegelei in Fellbach, eine Familie, die Kinder sprechen Schwäbisch, die Eltern Friauli. Ich selbst habe sie nicht verstanden. Eltern und Kinder nicht viel mehr. Sie halfen sich mit Gesten. Für die Eltern brachte der Tag oft 16 Stunden Arbeitszeit. Da gab es keine Lust mehr, deutsch zu lernen.
Mein Motorrad - ein Museumsstück - wurde endlich durch ein "Topolino" ersetzt. Es findet den Weg nach Mannheim-Sandhofen. Aus einem Raum im Parterre kommen Kinderstimmen, laut und deutlich. Hier wohnt der Italiener! Auf dem Tisch, der auch als Bett diente, sechs Kinder, kaum etwas auf dem Leib. "Das sind meine Kinder. Die Frau habe ich in einem Lager kennengelernt. In Italien habe ich meine Frau mit sechs Kindern! Was nun?" Er sagte weiter: "Dort wohnt mein Freund. Er hat auch eine Frau und sechs Kinder in Italien. Seine Frau hier hat drei Kinder und ist wieder schwanger."
Der Topolino mußte gleich zurück zu Pfarrer Winterhalter, um Sachen zu erbetteln. Man mußte diesen Menschen helfen, und es geschah gleich. Der Pfarrer hatte schon in seiner Kindheit Italiener kennengelernt und hatte ein Herz für sie.
In Karlsruhe, in der Zähringerstrasse, hieß es bei den Stoffhändlern aus Maddaloni: "Bitte, besuchen Sie die Familie in Nr. ...." In einem Raum finde ich eine Familie mit neun Kindern.
Der Vater spricht ohne Hemmungen von seinem Beruf als "Stoffhändler". Ich versuche, ihm zu sagen und zu raten, aus diesem gefährlichen Geschäft auszusteigen, um reelles Material zu verkaufen. Die Antwort: "Unmöglich! Mein Boss in Frankfurt wird sich rächen und...."
Die Camorra war schon damals zu Hause.
Zwei Monate war der Topolino dann treu in Süd-Baden auf der Suche. In Staufen: Der Italiener hat drei Kinder, die Frau Deutsche, er spricht nur ein paar Worte deutsch. Ich fragte: "Wie war es denn bei der Hochzeit?"-"Ich habe ein Wort auf deutsch gekonnt, 'Ja'. Das war alles."
In Todtmoos: Panciera, 83 Jahre alt, 10 Kilometer von einem Dorf entfernt, strahlt vor Freude, als er mich sah. "Haben Sie keinen Wein aus Grumello? (Seiner Heimat) Oh, das Heimweh!" Wieder Heimweh. In Schopfheim, zwei ältere Schwestern aus Treviso: "Wie gerne würden wir unsere Heimat wiedersehen, aber es fehlt alles."
Eine evangelische Schwester ruft mich in der Haußmannstrasse 232 (Missionsbüro) an. Etwas Neues für mich. Der italienische Pfarrer soll in das Kinderdorf in Hochdorf kommen. Hier wurden zwei italienische Mädchen, vier und sieben Jahre, abgegeben. Man kennt nur den Namen der Mutter, hat aber keine Adresse. Es waren goldige Kinder. Eine Adoption war der

einzige Ausweg. Mit dem kleinen Topolino war ich tagelang unterwegs auf der Suche nach der Mutter. In der Nähe von Lörrach machte ich halt bei Gallo, einem der fünf Brüder Gallo in Baden-Württemberg von "Terrazzo-leger".
Er sagte gleich: "Meine Tochter wird Sie in die Schweiz begleiten zu einigen Fabriken und hofft, den Fall zu erledigen."In Arth-Goldau, in einer Fabrik wird die Frau gefunden. "Sie wird gleich kommen." Sie erscheint. "Was wünschen Sie, netter Junge?" "Bitte unterschreiben Sie hier." Die Unterschrift erfolgt, die Freigabe der Kinder ist bestätigt. Sie können adoptiert werden.
Nach einer Woche war die Adoption getätigt. Eine gute amerikanische Familie nahm beide Mädchen auf.
Die Zeit verlangt überall Hilfe! Helfer fanden sich überall bei Deutschen und Italienern.
Menschen wie Gallo aus Lörrach, Pfarrer Winterhalter aus Mannheim, Franceschini aus Stuttgart, Frau Wipper vom Caritasverband aus Stuttgart waren gleich bei den Deutschen wie bei den Italienern zu finden.
Schwester Klothildis gewann ihre Mädchen- und Frauengruppen für den Versand der italienischen Zeitung "La Squilla", monatlich 450 Exemplare, und vieles mehr. Ebenso waren auch Männer bereit, wie der pensionierte Strassenbahner José Hahn - ein täglicher Bote in der Mission. Bis zu seinem 89. Lebensjahr kam er fast täglich in die Mission mit den Worten: "Was kann ich heute für die Mission tun?" Dem Problem der Sprachbarriere half Emilio Franceschini. In der Raitelsbergschule erteilt er bis zu 47 Deutschen Italienisch-Unterricht.
In einem Raum der Heilig-Geist-Gemeinde gaben italienische Schwestern aus Tübingen Unterricht in ihrer Muttersprache für 38 Kinder aus Stuttgart und Umgebung. Dasselbe war möglich in Mannheim bei Pfarrer Winterhalter für 26 Kinder und bei der Agenzia Consolare in Freiburg (Cherubini) für 16 Kinder. Lehrbücher waren Geschenke meines Rektors im Seminar in Brescia.
Im August 1954 konnten 37 Kinder in die Ferienkolonie Malcesine am Garda-See gebracht werden. Betreut wurden sie von Schwester Klothildis und Maria Hahn. Dieses Angebot kam von Don Del Gallo Dario aus Verona, der bei der ersten Weihnachtsfeier 1954 in der Heilig-Geist-Gemeinde zusammen mit den Deutschen anwesend war. Die Auslagen für die Ferienkolonie wurden durch ein Wohltätigkeitskonzert im Linden-Museum Stuttgart durch den Einsatz von Rechtsanwältin Dr. Kalkhoff, Direktor Dr. Lemperle und Frau Elisabeth Rothe-Gaismaier (Dante Gesellschaft) gedeckt.

Danach wurden weitere Veranstaltungen organisiert, so auch in Nürnberg, Feste für Senioren, für Familie usw.

Die zweite Einwanderung

Vor der geregelten Einwanderung erlebt man hier zwei "Kostproben". Die erste Kostprobe war ein Versuch des damaligen Konsuls Viezzi, für 250 Leute aus Friauli einen Arbeitsplatz zu finden. Alle wurden einzeln auf Bauernhöfe in die Gegend von Ulm und Geislingen vermittelt. Ich habe alle besucht. Die Leute kamen ohne jegliche Sprachkenntnis, Arbeitszeit oft bis 16 Stunden täglich auch am Sonntag. Nach zwei Monaten kehrten sie alle wieder nach Friauli zurück.

Eine zweite Kostprobe wurde mit Erfolg von der Firma Gips-Schüle mit einer kleineren Anzahl (14) geführt. Mein erster Besuch war ein Abenteuer beim Anblick der Unterbringung der 14 Arbeiter. Jedoch die Leute zeigten sich hilfsbereit. "Wir stehen zur Verfügung, wenn Sie uns brauchen", sagten sie mir. Ein Jahr später, 1955, beschäftigte die Firma 150 Italiener in den Gipsfabriken in Aldingen, Möckmühl, Leonberg und Deißlingen. Diese Leute kamen mit weiteren 300 Arbeitern für die Landwirtschaft mit einem normalen Vertrag. Die Zahl stieg 1956 bis auf 4337 und am Ende 1959 bis auf 60.000. In kurzer Zeit war alles wie eine Lawine.

Die Probleme blieben die gleichen: Mangel an Sprachkenntnissen, schlechte Unterbringung, ungewohnte Verpflegung, Heimweh verbunden mit Problemen der eigenen Familie und vieles mehr. Was tun? Besuchen, die Menschen anhören, Verständnis entgegenbringen, bei ihnen sein, wenn es notwendig ist.

Am 15.11.1956 ging der Sonderzug der Saisonarbeiter nach Verona. Den Zug begleiteten außer uns auch Herr Wilhelm und Herr Wais von Landesarbeitsgericht, die diese Arbeiter auch an ihrem Arbeitsplatz mit uns besucht hatten. Am 16.12.1956 - nach einem gemeinsamen Gottesdienst in Verona - ging der erste offizielle Sonderzug nach Stuttgart. Dank der Vermittlung von Don Dario del Gallo aus Verona war eine gute Beziehung zu der Anwerbekommission, die auf beiden Seiten sehr nützlich war, gewonnen.

Die Firmen, die ihre Arbeiter in Stuttgart abholten, baten mich gleich um den Besuch bei ihren Arbeitern. Gemeinsam mit den Herren des Landesarbeitsamtes und des Arbeitsamtes Stuttgart wurden sämtliche Arbeiter besucht. Wie war die Stimmung der Verantwortlichen? Direktor Uhlig vom Arbeitsamt Stuttgart bot mir sofort seinen Saal an, falls es nötig wäre, für Zusammenkünfte mit den Arbeitern.

Präsident Dr. Seifritz betonte: "Meine Tür ist immer offen für Sie. Sollten Schwierigkeiten wegen der Unterbringung kommen, bitte rufen Sie mich an."

Bei einem Treffen mit dem Präsidenten der Bundesanstalt für Arbeit in Nürnberg wagte er, mit einem Faustschlag auf den Tisch, zu betonen: "Vergessen Sie nicht, diese Arbeitskräfte sind Menschen."

Auch der Mitarbeiter Herr Wais hatte von seinem Geist sehr viel. Wir beide kamen einmal zu einem Bauern, wie üblich wegen Schwierigkeiten mit einem Italiener. Herr Wais fragte gleich: "Wie ist es mit der Verköstigung?" Die Antwort: "Das Beste, was wir haben: Blutwurst und Kraut." Herr Wais: "Oh heidenei! Spaghetti müssen Sie machen. Spaghetti!". Der Bauer: "Spaghetti? Die kenne ich nicht. Aber schicken Sie mir ein Pfund Samen, ich werde sie sähen." Die Einwanderer der ersten Zeit waren fast nur Männer. Das Heimweh sehr groß! Die Trennung von der Familie, von der Frau! Die Männer waren hier "Weiße Witwer" und die Frauen in Italien wurden "Weiße Witwen" genannt.

Zu all dem kam die ungenügende Unterkunft. Baracken mit 45 Leuten in einem Raum. Nur wenige Kochgelegenheiten, Schlangestehen vor dem Herd, Überstunden, Schichtarbeit in Hoch- und Tiefbau und Lärm, Radio, Rauchen. Das Schlimmste waren die Unterbringungen in Bunkern, zum Beispiel bei der Firma Bosch am Löwentor in Stuttgart. Zu Hause lebten diese Menschen an der Sonne, hier im Grab!

Zu den früheren Helfern sind viele neue hinzugekommen, die auf verschiedene Weise eingesetzt wurden, um diesen Menschen ihre Lage erträglicher zu machen. Am 13. Juni 1956 eröffnete die Mission ihre erste Sozialbetreuungsstelle. Die Eröffnung dieser Missionssozialbetreuung wurde sogar von Dr. Hugelmann, Abteilungsleiter beim Landesarbeitsamt geleitet. Im Beisein von Herrn Wilhelm vom Landesarbeitsamt, Frau Wipper vom Caritasverband, Herrn Krause vom Arbeitsamt Stuttgart, sowie Vertretern der Firmen, Herrn Prina vom Konsulat und italienischen Helfern. Ein paar Tage später wurde hier der erste Verein "Circolo Italiano" gegründet, um so bald als möglich Treffen der Landsleute zu ermöglichen.

Man fing an, zuerst im Saal des Gasthauses "Friedenau" in Stuttgart-Ost, dann ging man nach Cannstatt zum Saal des "Gasthauses Zillertal", dann Gemeindesaal St. Fidelis und im Gemeindesaal St. Josef in Feuerbach.

Die Räume reichten nicht mehr aus, denn die Zahl wurde immer größer, die Säle waren überfüllt. Man suchte eine Lösung mit Veranstaltungen im Freien. Dies war möglich beim Lager der Firma Kübler in Stuttgart-Weilimdorf und schließlich auch auf dem Sportplatz des VfB in Obertürkheim. Ohne Zögern haben die Helfer mitgemacht, um die drückende Lage auch der Bunkerbewohner zu mildern.
An einem Abend ging ich mit meiner Musikgruppe zu diesen. Es wurde gesungen, gespielt, Witze wurden erzählt. Die Mißstimmung verschwand. Es gab kein Ghetto mehr. "Don Battista", sagten sie mir zum Schluß, "kommen Sie, wann Sie wollen."
Bei größeren Veranstaltungen beim Lager der Firma Kübler stellten Firmen sogar Busse zur Verfügung. Auch die Fußballmannschaft von Korntal spielte mit der unseren.
Auf dem Barackengelände der Firma Kübler in Weilimdorf hielt Bischof Dr. Carl Joseph Leiprecht für die Italiener am 13.6.1959 ein Pontificalamt. Dabei nahmen Behörden wie Landesarbeitsamt, Arbeitsamt, Konsulat und Firmen teil. Und der Bischof blieb anschließend bei den Italienern und bat Vikar Benz, mit seiner Gitarre neapolitanische Lieder zu spielen und singen. Die Leute waren voller Freude und fühlten sich daheim in Italien. So etwas hatten sie noch nicht erlebt.
Eine weitere Veranstaltung war das Fußball-Wettspiel von 12 italienischen Fußballmannschaften auf dem VfB-Platz in Obertürkheim. Es war Fronleichnamsprozession mit der Blaskapelle von Wernau mit Pfarrer Schneider. Ein Erlebnis besonderer Art. Ein Sonntag Abend nach vier Gottesdiensten, Filmvorführungen uns so weiter, gegen 23.00 Uhr bittet mich einer der letzten fünf Helfer, Filippo Codetti: "Kommen Sie, essen Sie mit uns Spaghetti, heute war ja keine Zeit zum Essen." "Danke, gib mir nur eine Tasse Kaffee, ich fahre jetzt sofort nach Italien. Ich hoffe, einen Mitarbeiter zu gewinnen. Morgen abend bin ich wieder da." Die Antwort von Filippo und den anderen: "Wenn Sie nicht essen, essen wir auch nicht! Haben Sie verstanden?"
Noch etwas hat gefehlt: ein "Centro Italiano". Meine Pläne wurden nicht genehmigt. Aber Oberbürgermeister Arnulf Klett - wir grüßten uns fast täglich, denn er wohnte neben meinem Büro - der auch am 29.6.1956 mit Kardinal Piazzo in meinem Büro war, übertraf alle meine Erwartungen. Beim Besuch des Kurien-Kardinals Mimmi am 31.7.1960 schenkte er uns das "Centro Italiano". Gleichsam ein Wunder in dem Kummer der Zeit, ein Stück Heimat für Männer, Frauen und Kinder.
Die Sprachbarriere war immer die größte Belastung der Einwanderer. Viele Mißverständnisse begleiteten ihr Leben fern der Heimat. Die Wera-

strasse 56 und ab 1960 Werastrasse 92 wurden ein Zufluchtsort bei allen Schwierigkeiten. Für manche Neulinge galt das "Hilfswort": "Geh zur Mission, zur Schwester, Werastrasse".
Hier war für sie "ein Mädchen für alles": Formulare ausfüllen, Anträge stellen, Papiere erklären usw.
Werfen wir einen kurzen Blick hinein in die Mission:
Finanzamt: Jahresausgleich! Wegen Sprachschwierigkeiten kamen Leute von überallher. Die Schwester gewann Helfer und am Wochenende (Freitag abend und Samstag) waren sogar drei Helfer vom Finanzamt dabei: Herr Ewert, Herr Klinger und Herr Kottnick. Tausende waren durch die Helfer erleichtert.
Ein Jahr der Krise 1961-62: Viele Italiener waren ohne Arbeit, ohne Unterbringung, ohne Essen. Die Schwester hatte die besten Beziehungen zu den Firmen, wußte jede Ecke in Stuttgart für Unterbringung. Brot kam täglich gratis von der Brotfabrik Metzger in Hochdorf, für das weitere Essen sorgte eine Mitschwester.
Familientragödie: Eine verzweifelte Mtter ließ ihr Kind auf dem Schreibtisch der Mission und verschwand. Die Vorsehung sorgte für eine Pflegemutter, Frau Rosa Reiner, selbst Mutter von drei Kindern. Sie nahm im Laufe der Zeit zwölf Kinder in ihre Familie auf, bis diese wieder zu eigenen Mutter zurückkehren konnten, oder Adoptiveltern gefunden worden waren. So könnte man noch weiter berichten. Aber es fehlt die Zeit.
Zwei Titel haben die Italiener der Schwester gegeben: "Sie ist die Mutter, der Engel der Italiener." Ein Titel stammt sogar von einem Kardinal.
Nun hat der "Stern auf dem Bahnhof" das letzte Wort. In dieser Zeit hat er alles erlebt. Seit dem 15.11.1956 hat er die Sonderzüge mit Tausenden von italienischen Arbeitern bewundert, die in ihre Heimat gebracht wurden. Aber er war getrost; sie waren nicht allein. Jemand war immer dabei, der das Leid mit diesen Menschen geteilt hat. 1960 waren es 15.000, 1962 30.000 Menschen!
Stuttgart ist nun wieder erwacht. Die Königstrasse glänzt, Königsbau, Neues Schloß sind wieder edle Herren geworden. Die "Einwanderer", die "Weißen Witwen" haben die Baracken weggeräumt, Ruinen ausgegraben, Steine geschleppt mit Schweiß und Tränen, Unfälle beklagt, Augen, Arme und Beine, ja auch das Leben verloren.
Sie haben ihr Antlitz eingeprägt. Wir sollten das nie vergessen: das haben sie für uns alle getan. Sie haben es getan, weil sie in den Menschen hier die Geschichte ihrer Kinder und ihrer Frauen gesehen haben.

Als wir alle noch Gastarbeiter waren...

von: Dr. Gualtiero Guidi, Leiter italienische Redaktion des Bayerischen Rundfunks

Wollte man über die italienische Präsenz in Deutschland sprechen, so wären ganze Bände zu füllen mit der Geschichte der Brentanos, der Poccis, Maffeis, Brancas, Rettis, Saluccis und Guardinis, um nur einige der Hunderte von Namen zu nennen, deren kulturelles Vermächtnis unauslöschlich mit der deutschen Gesellschaft verwoben ist. Ich erinnere mich noch gut an die Theologievorlesungen Romano Guardinis Ende der 50er Jahre an der Münchner Ludwig-Maximilian-Universität in Vorlesungssälen, die überfüllt waren mit Studenten aller Fakultäten. Doch das Thema für diesen meinen Vortrag ist begrenzt auf 40 Jahre italienische Präsenz in der Bundesrepublik Deutschland - ab 1955, ganz genau ab dem 22. Dezember, als in Rom das deutsch-italienische Anwerbeabkommen unterschrieben wurde, das die Einrichtung von zwei Anwerbestellen, und zwar in Verona und in Neapel, vorsah. Schon vor diesem Stichtag aber waren 25.800 Italiener auf eigene Initiative nach Deutschland gekommen, etwa um ihr berühmtes Eis zu verkaufen, oder aber sie waren aus verschiedenen Gründen nach dem zweiten Weltkrieg hiergeblieben. Es liegt mir fern, eine statistische und soziologische Analyse über "40 Jahre Italiener in Deutschland" zu vermitteln. Darüber ist viel geschrieben und gesagt worden von Fachleuten, die die Materie besser als ich kennen. Ich möchte nun diese 40 Jahre der italienischen Präsenz in Deutschland aus meiner Sicht darlegen, mit meinen persönlichen Erfahrungen als Journalist - und auch meine Freunde und Kollegen erwähnen, die mit mir die Redaktionen für die Gastarbeiterprogramme, wie sie anfänglich bezeichnet wurden, aus dem Nichts aufgebaut haben. Ich selbst bin im Januar 1958 nach Deutschland gekommen, zu jener Zeit noch mit einem Visum in meinem Paß, das zum Erhalt einer Aufenthaltsgenehmigung, die man jährlich verlängern lassen mußte, erforderlich war. Heute, 40 Jahre später, benötigen die Italiener als europäische Bürger zur Einreise keinen Paß mehr, der Personalausweis genügt, und wenn sie einen Arbeitsplatz vorweisen können, so wird die erste Aufenthaltserlaubnis auf 5 Jahre gewährt, danach auf unbefristete Zeit. Damals,

als ich nach München kam, waren die meisten Italiener, abgesehen von der Gastronomie, in der Landwirtschaft, in Bergwerken, in der Bau- und Metallindustrie, im öffentlichen Dienst - ich meine damit Bundesbahn, Post, Gesundheitswesen und Müllabfuhr - beschäftigt. Sie lebten in Wohnheimen und in den Baracken am Rande der großen Baustellen. Treffpunkt und Informationszentrum waren die Bahnhöfe, wo sie sich am Feierabend und am Wochenende mit ihren Landsleuten trafen, um zu plaudern, Erfahrungen auszutauschen, Zeitungen in ihrer Landessprache zu kaufen.

Andererseits begann Ende der 50er, Anfang der 60er Jahre der große Strom der deutschen Urlauber nach Italien. Schlager aus jener Zeit wie "Rote Rosen, rote Lippen, roter Wein", "Ich kann nicht deutsch und du nicht italiano, in der kleinen Cafeteria von Milano" oder "Zwei kleine Italiener" und viele andere, gesungen von Vico Torriani und Caterina Valente, erinnern an die Jahre, in denen die Ausländer meistens willkommen waren.

Es gab zwar in bestimmten Kreisen der Gesellschaft eine schwelende Abneigung gegen das "Fremdartige", die aber fast ausschließlich in Lippenbekenntnissen Ausdruck fand, ohne in Gewalttaten auszuarten. Diese Haltung jedoch stellte den Nährboden für die spätere Ausländerfeindlichkeit dar. Dieses häßliche Wort war damals noch nicht gebräuchlich. Andererseits kannte ich diese Vorurteile schon aus meiner Heimatstadt Mailand den zugezogenen Süditalienern gegenüber, die mit dem verächtlichen Wort "terroni", was in etwa einem Schimpfwort wie "Itaker" oder "Kanake" gleichkommt, bezeichnet wurden. Ich erlebte jene Zeit also hier in Deutschland, und so entschied ich mich, zur Integration der italienischen "Gastarbeiter" in Deutschland und zum Abbau von Vorurteilen auf dem Wege der Information beizutragen. So gab ich meine Projekte, als Dramaturg tätig zu werden - ich war nämlich nach Deutschland gekommen, um für meine Doktorarbeit "Bert Brecht als Theoretiker des Theaters" zu recherchieren - auf und wurde Journalist. Als freier Mitarbeiter und Sonderberichterstatter der Wochenzeitschrift Quick versuchte ich in den Jahren 1958 bis 1964 den deutschen Lesern einiges über Land und Leute des Landes "wo die Zitronen blühen" näherzubringen. Mit dem viel zu jung verstorbenen deutschen Regisseur Franz-Joseph Spieker drehte ich 1962 den Kurzfilm "Süden im Schatten", der bei den "Oberhausener Kurzfilmtagen" vorgestellt wurde und der, wie der Titel schon sagt, die Kehrseite des "sonnigen Südens", wie ihn die deutschen Urlauber lieben, zeigt. Und dann kam für meine journalistische Tätigkeit die "große Wende". Es war an einem Morgen im Juni 1964. In meiner Junggesellenwohnung in der Korbinianstrasse in München läutete das Telefon.

"Bayerischer Rundfunk, Sozialpolitik, Seufert. Herr Dr. Guidi, ich hätte ein interessantes Angebot für Sie als Journalist. Ihre Telefonnummer habe ich von Massimo Sani, dem Korrespondenten von EPOCA bekommen. Wollen wir einen Termin ausmachen?...So nahm meine Beziehung zum Bayerischen Rundfunk, die nun schon seit 31 Jahren Bestand hat, ihren Anfang. Brigitte Seufert, sozialpolitische Redakteurin, betreute seit dem 4. November 1961 unter Mitarbeit von Valentino Chesi - zuerst von Nürnberg, dann von München aus - die erste Sendung für Italiener in Bayern: "Buon Giorno Collega", eine halbe Stunde wöchentlich am Samstag zwischen 12.00 und 12.30 Uhr. Sie unterbreitete mir das Angebot, eine italienische Redaktion auf die Beine zu stellen, die vom 1. November 1964 an täglich von 19.00 bis 19.45 Uhr - später dann, wie auch noch heute, von 19.00 bis 19.40 Uhr - ein italienisches Programm senden sollte. Mit mir zusammen stürzten sich in das Abenteuer Massimo Sani, der jedoch einige Monate später nach Italien zurückkehrte und zum italienischen Fernsehen ging, Valentino Chesi, der nach seiner Promotion seine Karriere als Eurokrat in Brüssel begann und später bis zu seiner Pensionierung ein hoher Beamter am Europäischen Patentamt in München war, und Mario Cerza, der sich mit mir die Verantwortung für die italienische Redaktion teilte bis zum 31. Dezember 1990, als er mit Erreichen seines 65. Lebensjahres in den wohlverdienten Ruhestand ging. An seine Stelle trat ein Journalist, der schon seit Jahren als Reporter für Bayern mit der Arbeit unserer Redaktion vertraut war, Herr Dr. Diego Vanzi.

Von Juni bis Oktober des Jahres 1964 arbeiteten wir - im Gleichschritt mit unseren griechischen und spanischen Kollegen - am Aufbau einer italienischen Redaktion, übten uns im Umgang mit Mikrofon und Sendezeiten und sendeten zweimal wöchentlich um 5 Uhr morgens Pilotprogramme von 15 Minuten. Am 1. November 1964 fingen dann die täglichen Sendungen der ARD für die ausländischen Arbeitnehmer, die damals noch Gastarbeitersendungen hießen, an. Eine Redaktion aufbauen hieß Mitarbeiter wie Sprecher, Reporter, Autoren usw. vor Ort finden. Und das war ein schwieriges Unterfangen. Die Italiener in München, wie auch anderswo in Deutschland, waren meistens Hilfsarbeiter. Heute sieht das ganz anders aus. Eine Untersuchung, die unser Mitarbeiter Stefano Eleuteri, ein Doktorand an der Fakultät für neuere und neueste Geschichte, 1994 für uns durchführte, ergab, daß an den Universitäten und Fachhochschulen in München 504 italienische Studenten immatrikuliert waren, davon 173 sogenannte Bildungsinländer, d.h. junge Italiener der zweiten und dritten Generation, die in Deutschland die Schule bis zum Abitur besucht hatten. Eine Redaktion aufbauen hieß auch, die bereits bestehenden Verbindungen mit der RAI, dem italienischen Rundfunk, zu intensivieren im Hinblick auf die Zusendung und Zuspielung von journalistischen Beiträgen. Dies setzte häufig Reisen nach Rom voraus, auch um die entsprechenden Kontakte mit den zuständigen Ministerien - für Äußeres und Arbeit - zu knüpfen, wobei wir hervorragende Unterstützung von unserem damaligen Chef, Herrn Gerhard Bogner, Sendeleiter des Bayerischen Rundfunks, erhielten. Auf sein Konto geht nicht nur die Koordinierung dieser Programme für Ausländer im Rahmen der ARD, sondern auch die Einrichtung der italienischen Redaktion beim Bayerischen Rundfunk in München. Denn tatsächlich waren damals nur vier Programme vorgesehen: italienisch, griechisch, spanisch und türkisch - das jugoslawische Programm wurde erst im Jahre 1970 eingerichtet, nachdem Bonn auch mit Belgrad ein Arbeitsabkommen geschlossen hatte.

Nachdem auf den Bayerischen Rundfunk das griechische und das spanische Programm für die ARD fielen, beanspruchte der WDR das italienische und das türkische Programm für sich. Einzig der behutsamen Diplomatie und Überzeugungskraft Gerhard Bogners ist es zu verdanken, daß es gelang, zwei italienische Programme zu derselben Sendezeit einzurichten, und zwar eines vom Bayerischen Rundfunk für Bayern und Baden-Württemberg und das zweite vom WDR für die anderen Länder. Da die Italiener zu der damaligen Zeit das größte Kontingent an Ausländern in der Bundesrepublik stellten - beschäftigte ausländische Arbeitnehmer in Deutschland 1964 insgesamt 1.216.800, davon 372.300 Italiener, 187.200 Griechen, 182.800 Spanier, 132.800 Türken, 64.100 Jugoslawen - und der größte Teil der Italiener in den südlichen Ländern der Bundesrepublik lebte, hatten die Redaktionen in München und Köln in etwa die gleiche Zahl an potentiellen Hörern. In diesem Zusammenhang möchte ich es nicht versäumen, die Bemühungen des Süddeutschen Rundfunks zu erwähnen, der schon damals mit Frau Roschmann eine Verbindungsstelle in Stuttgart zu den Redaktionen in München und Köln schuf. Ihre wertvolle Arbeit wurde von Herrn Spaich weitergeführt und ausgebaut und dann wurde mit Herrn Professor Dr. Karl-Heinz Meier-Braun die Redaktion für Ausländer in Stuttgart zur regelrechten Ausländerabteilung des Süddeutschen Rundfunks, der unter anderem das "Radioforum Ausländer bei uns" zu verdanken ist, das uns heute zum vierten Mal hier versammelt sieht. Die italienischen Korrespondenten beim SDR waren in diesen 30 Jahren nur zwei: Am Anfang Gherardo Romanini, der dann als Redakteur zum WDR nach Köln ging, und dann der noch heute aktive und in Baden-Württemberg überall präsente Toni Mazzaro, eine tragende Säule unseres Programms.

Später dann - im Jahre 1983 - schloß sich auch Berlin, das ursprünglich an Köln angeschlossen war, an München an, was insofern von großer Bedeutung ist, als durch diesen Sender die italienischen Sendungen des Bayerischen Rundfunks jetzt auch von den Hörern in den Grenzgebieten der neuen Länder empfangen werden können. Über drei Jahrzehnte sind vergangen seit den Anfängen dieser Programme, die als Provisorium gedacht waren. In der Tat, bis 1976, d.h. elf Jahre lang gab es keine Planstellen. Wir waren alle freie Mitarbeiter, und unser Chef, der Sendeleiter des Bayerischen Rundfunks Gerhard Bogner, leitete ad interim die zusammengewürfelte Abteilung. Wir waren in jenen Jahren sozusagen "Gastredakteure". Heute sind wir drei völlig im Bayerischen Rundfunk integrierte Redaktionen, mit Planstellen, zentralem Sekretariat, zweisprachigen Sekretariaten für italienisch, griechisch und spanisch, Telex und Telefax, ständigen Korrespondenten in den Heimatländern und in den wichtigsten Städten Deutschlands. Wir bekamen auch einen Abteilungsleiter, zuerst Walter Stelzle, der aus der Politik kam, und nach dessen Pensionierung einen fähigen Mann aus der Wirschaftsredaktion, Herrn Friedrich Gmeiner. Aber damals 1964 sahen die Dinge ganz anders aus ... ich erinnere mich nur zu gut. Ich teilte einen kleinen Raum mit Mario Cerza und den griechischen Kollegen Pavlos Bakojannis und Nikos Ioannidis. Letzterer hatte die Aufgabe, die unzähligen Briefe, die wir erhielten - sie gingen in die Tausende - zu öffnen und zu sortieren, weshalb wir ihm den Spitznamen "Postminister" gegeben hatten. Diese Hörerbriefe waren ein Spiegel der Situation der Italiener in Deutschland zu jener Zeit.

Sie schrieben an die Redaktion und baten um Auskünfte praktischer Natur in jeder Lebenslage in dem fremden Land: über Aufenthalts- und Arbeitserlaubnis, Lohnsteuer, Lohnsteuerjahresausgleich, Krankenkasse, Kindergeld, Schlechtwettergeld, Urlaubsrecht und später, als die Familienzusammenführung Fuß faßte, über Mietverträge, Kindergärten, Schulprobleme, Militärdienst und vieles mehr. Wir gaben Antwort auf jeden Brief, entweder in den Sendungen mit den Rubriken wie "Ihr fragt, wir antworten" oder "Der Rat des Experten" oder in persönlichen Briefen an die Hörer. Da bestimmte Fragen sich immer wieder wiederholten, verfaßten wir eine gewisse Anzahl von Formbriefen, um die Beantwortung der vielen Briefe zu erleichtern. Damals war das Betreuungsnetz noch im Aufbau, in erster Linie die katholischen Missionen und die Caritasbüros, aber auch die Patronate der Gewerkschaften. Wenn also bestimmte in den Anfragen gestellte Probleme nicht in den Sendungen oder in Briefform zu lösen waren, weil sie ein persönliches Gespräch voraussetzten, vermittelten wir den Hörern die Adresse der nächsten Betreuungsstelle. "Mamma RAI", d.h.

"Mamma Radio", wie manche unsere Redaktion nannten, war immer zur Stelle. Und unsere Adresse war sehr leicht zu merken für unsere Hörer: Radio in München 2". Nikos, mit dem Spitznamen Postminister in Erinnerung an die Zeit, in der die Hörerpost noch Lebenshilfe bedeutete, ist heute wieder in Griechenland, und Pavlos Bakojannis, mit dem ich viele Jahre lang daran gearbeitet habe, diesen Sendungen, die ursprünglich rein sozialer und unterhaltender Natur waren, kulturellen und politischen Charakter im weitesten Sinne - wie vom Rundfunkgesetz vorgesehen - zu verleihen, ist nach einer brillanten politischen Karriere in seiner Heimat einem schändlichen terroristischen Anschlag zum Opfer gefallen. Pavlos, der spanische Kollege José Moll, der am Ende der Franco-Diktatur nach Spanien zurückkehrte, und ich hatten damit begonnen, einen Deutschkurs in Form kleiner Hörspiele für unsere Hörer zu schreiben. Damals hatte eben das Erlernen der deutschen Sprache für die ausländischen Arbeitskräfte in Deutschland absoluten Vorrang. Einige Male in der Woche trafen wir uns, Pavlos, José und ich, und diskutierten stundenlang über die jeder einzelnen Lektion vorausgehenden Szenen und über die jeweils einzubauenden grammatikalischen Elemente. Am Ende unserer sich über fast zwei Jahre hinziehenden Arbeit stand ein Deutschkurs in 36 Lektionen, d.h. 36 Sendungen von etwa 15 Minuten Dauer, die wir in den Jahren zwischen 1966 und 1979 mehrmals gesendet haben. Auf ausdrücklichen Wunsch vieler Hörer wurde der Kurs regelmäßig wiederholt. Auch die italienische Redaktion des WDR sendete diesen Kurs, zu dem Tausende von Begleitbüchern gedruckt wurden, die die Hörer kostenlos über Konsulate, katholische Missionen, Patronate, Kulturinstitute, Arbeitsämter und per Post direkt vom Bayerischen Rundfunk erhielten. Die erste italienische Ausgabe druckte ERI, der hauseigene Verlag der RAI, der auch die Kosten übernahm, während sowohl die zweite italienische Ausgabe als auch die griechische und spanische von der Bundesanstalt für Arbeit finanziert und vom Langenscheidt-Verlag herausgebracht wurde. Das Erlernen der deutschen Sprache und die Information über politische und soziale Institutionen dieses Landes in einer Reihe von Sendungen wie "Deutschland, das Land in dem wir leben" und Sendungen - hergestellt in Zusammenarbeit mit der RAI - als Brücke zur Heimat stellten den Kern unserer Programme in den 60er und 70er Jahren dar. In diesen nun gut 30 Jahren hat sich jedoch der Inhalt der Sendungen entsprechend der Entwicklung der Europäischen Gemeinschaft zur Europäischen Union nach und nach verändert. Die Italiener in Deutschland, unsere Hörer also, sind keine "Gastarbeiter" mehr, sondern europäische Bürger. Heute unterscheidet sich die Typologie des

Italieners in Deutschland nicht mehr von der des Italieners in seiner Heimat:
Da gibt es Arbeiter, Angestellte, kleine Unternehmer, große Unternehmer, Studenten, Künstler, Manager, Hausfrauen, Kinder, Schüler, Universitätsdozenten und viele mehr. Im Jahre 1992 lebten in Deutschland insgesamt 557.423 Italiener, davon nur 191.408 oder 34% versicherungspflichtige Arbeitnehmer, unter ihnen aber 32.353 arbeitslos, was einer Arbeitslosenquote unter den Italienern von 16,9% entsprach. Die restlichen 66% sind Kinder, nicht berufstätige Frauen, Rentner und Selbständige. Erwähnenswert wäre auch noch die Wanderung der Italiener. So gab es 1992 35.441 Zuzüge in die Bundesrepublik, während 36.371 Deutschland verließen, also ein Minussaldo von 930. Und diese unsere italienischen Mitbürger erwarten vom Rundfunk eine Sendung, die eben ihrer Situation und ihren Bedürfnissen gerecht wird, d.h. mit Inhalten aus den Themenkreisen Wirtschaft, Soziales, Kultur, Politik und Unterhaltung. Zum Beispiel heißt eine unserer aktuellen Rubriken, die großen Erfolg verzeichnet, "Die Italiener in Deutschland und ihre Berufe". Ich möchte noch hinzufügen, daß es sich inzwischen nicht mehr in erster Linie darum handelt, die deutsche Sprache zu erlernen, sondern ganz im Gegenteil - die italienische. Dies gilt ganz besonders für die zweite und dritte Generation, deren Muttersprache inzwischen Deutsch ist und die unsere Sendung aufmerksam verfolgen, um die Sprache und Kultur ihrer Väter zu pflegen. Muttersprache deutsch, Paß italienisch: Pioniere also eines multikulturellen Europas, das bereits Wirklichkeit geworden ist. Und für diese neue europäische Realität verstehen sich unsere Sendungen als Spiegel und Sprecher.

40 Jahre "Gastarbeiter" in Deutschland

von: Dr. Valerio Polimeni, Vorsitzender des ersten italienischen Seniorenclubs in Stuttgart

Einleitung

Zunächst möchte ich zu meiner Person ein paar Angaben machen: Seit 1984 arbeite ich als Basissozialarbeiter beim Caritasverband im Sozialdienst für Italiener in Stuttgart. Durch meine Tätigkeit habe ich Kontakt zu meinen Landsleuten in verschiedenen Lebenssituationen und Altersstufen. Seit 1986, seitdem ich einen italienischen Seniorenclub gegründet habe, arbeite ich schwerpunktmäßig mit älteren Italienern.

Bevor ich mein Referat über die wichtigsten Aspekte meiner Arbeit halte, halte ich es für notwendig, einige Daten über die demographische Entwicklung der ausländischen Bevölkerung zu nennen und daß wir uns mit der Frage auseinandersetzen, "warum ältere Ausländer überwiegend hierbleiben und nicht in ihre Heimat zurückkehren".

Demographische Entwicklung der ausländischen Bevölkerung in der Bundesrepublik Deutschland

Die Altersstruktur der ausländischen Bevölkerung gleicht sich langsam der einheimischen Bevölkerung an .
Im Jahre 1961 lebten in der BRD fast 700.000 Ausländer. Im Jahre 1991 waren es schon ca. 5,2 Mio. Die meisten davon stammen aus den sogenannten Anwerbeländern, d.h. es sind Arbeitsmigranten und deren Familienangehörige.
Der Anteil der Älteren (60 Jahre und älter) ist mit 270.000 immer noch gering und liegt bei ca. 6 %. Der Anteil der Deutschen in dieser Altersgruppe beträgt dagegen über 20 %.

Da aber zu den folgenden Jahrgängen der 45- bis 60-Jährigen fast 1 Mio. Ausländer gehören, ist für die nächsten Jahrzehnte mit einer Vervielfachung der Anzahl der älteren Ausländer zu rechnen. Im Jahre 2030 wird der Anteil der Älteren in der Gruppe der Migranten ca. bei 29 % liegen, während bei der deutschen Bevölkerung ca. 38 % Ältere zu erwarten sind. Zu bemerken ist auch, daß mehr als die Hälfte der Arbeitsmigranten einen relativ hohen Anteil lediger Männer diese Zielgruppe charakterisiert.

Die häufigsten Gründe für ein Hierbleiben

Das Verbleiben von älteren Ausländern symbolisiert, daß die BRD de facto ein Einwanderungsland geworden ist. Die meisten von Ihnen bleiben hier im Gegensatz zu ihrer Lebensplanung. Sie haben deshalb während ihres Aufenthalts in der BRD die Rückkehr vorbereitet, sie haben in ihrer Heimat Land gekauft, Häuser gebaut, Ersparnisse angelegt. Warum bleiben also ältere Ausländer hier und kehren nicht in ihre Heimat zurück?
Die häufigsten Gründe für ein Hierbleiben sind:
Familiäre Gründe: Die eigenen Kinder leben in der BRD und haben hier eine eigene Familie gegründet. Die Bindung an Kinder und Enkelkinder ist stärker als die Sehnsucht nach der alten Heimat. Ältere Ausländer haben in ihrer Jugendzeit ihre Heimatländer, ihre Familien und Verwandten verlassen müssen, um nach Deutschland auszuwandern. Jetzt im Alter möchten sie diese Erfahrungen und Trennungsschmerzen nicht zum wiederholten Male erleben.
Wenn ältere Migranten hier bei ihren Kindern und Enkelkindern bleiben, haben sie hohe Erwartungen an sie. Sie verlangen, daß sie im Falle von Pflegebedürftigkeit von ihnen gepflegt werden. Das Problem ist aber nicht, daß die 2. und 3. Generation nicht bereit ist, die Pfelge zu leisten. Vielmehr sind die materiellen und zeitlichen Voraussetzungen für eine entsprechende Hilfeleistung nicht vorhanden. Beispielsweise sind die Mieten hoch, die Wohnungen klein und die Einkommen gering. In der 2. und 3. Generation hat kein sozialer Aufstieg stattgefunden, so daß alle erwachsenen Familienmitglieder arbeiten müssen, um den notwendigsten Lebensunterhalt zu bestreiten. Außerdem fehlen oft die nötigen Kenntnisse und Erfahrungen, um eine adäquate qualifizierte Pflege und Betreuung der Angehörigen durchzuführen.
Ärztliche Versorgung: Die Struktur des Gesundheitswesens und die Qualität der medizinischen Versorgung in der BRD, die der in den Heimatländern überlegen ist, spielt für die ausländischen alten Menschen eine große Rolle. Wenn man die Herkunftsorte, die oft weit weg von großen Städten

liegen, noch näher betrachtet, dann ist die medizinische Versorgung dort oft katastrophal. Andersherum haben sie schwere Krankheiten hier bekommen, auch Berufskrankheiten, aufgrund der gesundheitsschädigenden Arbeiten, die sie hier geleistet haben und aufgrund ihres maximalen Einsatzes. Sie haben hier sehr viel gearbeitet (Akkord, Schichtarbeit, Überstunden), um schnell das Ziel der Rückkehr zu erreichen. Insofern habe sie einen frühzeitigen und intensiven Gesundheitsverschleiß.

Entwurzelung in den Heimatländern. Viele Ausländer, die schon seit Jahrzehnten in der BRD leben, haben sich völlig von ihrer alten Heimat entfremdet. Die Freunde von einst, das Dorf von einst und letztlich die ganze Lebensweise von einst haben sich grundlegend geändert, so daß sie sich heute wie Fremde in der alten Heimat fühlen. Für viele wäre die Rückkehr eine neue Auswanderung. Die Angst vor Isolation und die Angst, im eigenen Land als Ausländer behandelt zu werden, sowie die schon erlebte Enttäuschung in der Heimat durch die Konfrontation mit einer Realität, die bis zu diesem Zeitpunkt idealisiert war, bewegen sie hierzubleiben.

Das Ziel, sich im Heimatland eine Existenz aufzubauen, wurde nicht erreicht. Aus Scham, in der Heimat nicht anerkannt zu werden, fühlen sie sich gezwungen, in der BRD zu bleiben.

Verlust der Rolle als Ehemann und Vater im Heimatland. Viele der ersten Generation sind Männer, die ohne ihre Familienangehörigen in die BRD gekommen sind. Sie haben sich im Laufe der Jahrzehnte von ihren Familien entfremdet, sie wurden nur als Geldgeber betrachtet, sie haben ihren Status als Vater und Ehemann verloren, ein gemeinsames Leben war und ist nicht mehr möglich.

Die Illusion von der Rückkehr bleibt aber auch im hohen Alter bestehen und legitimiert das Elend und die Erniedrigungen im Gastland, sowie auch das Verlangen der vertrauten Umgebung und das Aufgeben der heimischen Bindungen. Sie ist inzwischen zu einem Verteidigungsmechanismus geworden und hat für die Psyche der alten Menschen einen stabilisierenden Charakter.

In der Realität ist es so, daß viele ältere Migranten bis zum letzten Moment die Entscheidung, hier zu bleiben oder zurückzukehren, offenhalten. Viele von ihnen verbringen mehrere Monate im Herkunftsland und den Rest des Jahres in der BRD.

Das Pendeln zwischen Herkunftsland und der BRD ist eine Technik, eine Strategie beides zu haben, ohne sich entscheiden zu müssen. Das ist aber eine Möglichkeit der ersten Phase des Alters, solange man noch rüstig ist und es sich finanziell noch leisten kann. Irgendwann kommt man in die Situation, in der diese Strategie nicht mehr anwendbar ist.

Besonderheiten der älteren Ausländer

Zu den sozialen Auffälligkeiten, wie z.B. Zerrissenheit der Familien, schlechte Wohnsituation, Armut, Mangel an Schulbildung, schwere Krankheiten, Isolation, Ängste und Depressionen, die man auch bei den deutschen Senioren der gleichen sozialen Schicht findet, kommen noch andere Merkmale hinzu, die auf ihre Einwanderersituation, auf ihre kulturelle Abstammung, sowie auf ihre soziale Ungleichheit zurückzuführen sind.
Diese Besonderheiten möchte ich im folgenden benennen:

- Der Übergang in die Lebensphase des Alterns bedeutet für die ausländischen alten Menschen den Übergang in einen Lebensabschnitt, der von ihnen nicht angestrebt und von der Immigrationsgesellschaft nicht vorgesehen war. Dies verlangt eine enorme Umorientierung und Anpassungsfähigkeit in einem Alter, in dem die Menschen offensichtlich weniger flexibel sind.
- Die ständige Illusion von der Rückkehr ins Herkunftsland, die ihnen das Hiersein erst möglich machte, verhinderte, daß diese Menschen Vorsorge für das Alter in der BRD trafen.
- Mit dem Ausscheiden aus dem Berufsleben fallen die ausländischen alten Menschen in ein soziales Vakuum, da ihre soziale Identität im Immigrationsland nur auf ihre Funktion als Arbeitskraft reduziert war und ist.
- Die spärlichen deutschen Sprachkenntnisse waren für die ausländischen alten Menschen nur ein Instrument zur Verständigung am Arbeitsplatz und werden mit Beginn des Rentenalters überflüssig und vergessen, ein Rückfall in die Muttersprache erfolgt.
- Sprachliche Schwierigkeiten und soziale Isolation verhindern oftmals Zugangsmöglichkeiten zu allgemeinen Informationen und Bildungsangeboten, was zu Interessenarmut und passivem Freizeitverhalten führen kann.
- Die soziale Isolation wird durch Rückkehr von Bekannten ins Herkunftsland verstärkt.

Schilderung der Ziele und der Aktivitäten des italienischen Seniorenclubs in Stuttgart:
Die Isolation dieser Zielgruppe aufzubrechen und ein weiteres soziales Umfeld zu öffnen, war der Anlaß, einen italienischen Seniorenclub zu gründen.
Der erste Schritt zur Erreichung dieses Zieles war, eine Intensivierung der Kontakte zu den eigenen Landsleuten zu knüpfen. Es war erforderlich, ein Gefühl der Zusammengehörigkeit zu wecken und zu fördern.

Anläßlich eines Seniorenausflugs nach Heidelberg im Jahre 1986, der gemeinsam mit der italienischen katholischen Mission veranstaltet wurde, entstand die Idee, eine Gesprächs- und Gymnastikgruppe für italienische Seniorinnen und Senioren zu gründen. Acht Personen machten den Anfang.
Der italienische Seniorenclub trifft sich nun seit neun Jahren wöchentlich, zuerst im Centro Italiano und seit April 1994 in dem Gruppenraum des Sozialdienstes für Italiener, Jakobstr. 3.
Inzwischen ist die Gruppe auf 25 Mitglieder angewachsen. Sie erweiterte sich dank der "Mund-zu-Mund-Propaganda" der Teilnehmer, durch offene Angebote wie Seminare und Ausflüge für Senioren und durch die Kontakte, die ich während meiner Hausbesuche knüpfte. Auch durch gelegentliche Presseberichte über die Aktivitäten des italienischen Seniorenclubs wurden neue Teilnehmer gewonnen.
Die Teilnehmer leben zwischen 20 und 35 Jahren in der Bundesrepublik. Sie kamen im Zuge einer Einwanderungswelle Anfang der sechziger und einer weiteren Anfang der siebziger Jahre nach Deutschland. Das Durchschnittsalter der Gruppenmitglieder liegt etwa bei 70 Jahren, die Altersspanne reicht von 57 bis 77 Jahre.
Die Mitglieder der Gruppe kommen nicht nur aus den traditionellen südlichen Herkunftsregionen der Arbeitsmigranten Italiens - Sizilien, Kalabrien, Apulien und Kampanien - sondern auch aus Regionen Norditaliens wie Venetien und Friaul. Eine deutsche Seniorin besucht die Gruppe gemeinsam mit ihrem italienischen Ehemann. Eine andere deutsche Seniorin lebte lange Jahr in Italien und spricht fließend italienisch. Auch für sie ist die Gruppe ein Stück Italien in Deutschland geworden, in der sie, nach eigenen Aussagen, die Offenheit und Spontaneität der italienischen Mentalität, wie sie sie von früher kennt, wiederfindet. Sie bemerkte im Gespräch, daß eine deutsche Seniorengruppe einen Rahmen, ein Programm brauche, um sich zusammenzusetzen, während die italienische Gruppe einen etwas spontaneren Umgang pflege. Die Spontaneität der Italiener habe es ihr ermöglicht, sich in der Gruppe problemlos einzufügen und sich wie in einer großen Familie akzeptiert zu fühlen.
Am Anfang bestanden die Aktivitäten aus Gymnastik und aus Handarbeiten wie Peddigrohrarbeiten, dem Herstellen von Krippengruppen, Häkkel- und Glasarbeiten. Nach ungefähr zwei Jahren wurde das Angebot erweitert. Ein italienischer Krankenpfleger diskutierte mit den Teilnehmern über Ernährungsfragen, sprach über altersbedingte Erkrankungen und bot regelmäßig Gedächtnistraining an. Es wurden Informationsveranstaltungen über die Dienstleistungen der deutschen Altenhilfe angeboten.

Der italienische Seniorenclub wird durch ein Team mit mir als Sozialarbeiter und 2 ehrenamtlichen Mitarbeitern durchgeführt. Die Betreuung der Senioren im Hause wird von den ehrenamtlichen Mitarbeitern geleistet, während die Organisation, die Sozialgruppenarbeit, die Koordination und Öffentlichkeitsarbeit mir als Sozialarbeiter unterliegt.

Zusammenarbeit mit Einrichtungen der Erwachsenenbildung

In Zusammenarbeit mit Einrichtungen der Erwachsenenbildung, wie z.B. der Volkshochschule, dem katholischen Bildungswerk, wurden spezifische Bildungsangebote nicht nur für italienische Senioren entwickelt, d.h. diese Angebote sind auch geöffnet für Deutsche und andere ethnische Gruppen, die in Stuttgart leben. Vor dem Hintergrund, daß ältere Ausländer ihr Lebensumfeld in Stuttgart unzureichend oder gar nicht kennen, wurden folgende Angebote unter dem Titel "Reise in die zweite Heimat" entwickelt: Besuch einer Altenwohnanlage, Besuch des Stuttgarter Rathauses, Besuch eines Krankenhauses, Besichtigung des Flughafens, verschiedene Museenbesuche, Ziel dieser Angebote ist es, in einer Gruppe das Lebensumfeld neu zu erschließen und zu entdecken. Es sollen Anregungen gegeben werden, den Alltag sinnvoll zu gestalten. Es wurde die Erfahrung gemacht, daß durch die Animation, sich die nächste Umwelt aktiv anzueignen, das Selbstwertgefühl der Menschen verstärkt werden konnte.
Andere Kontaktpunkte nach außen, in diesem Fall zu anderen italienischen alten Menschen, bietet die Teilnahme am jährlichen Altentag in Zusammenarbeit mit der italienischen Mission und ACLI (Christlichen Arbeiterbewegung Italiens).

Begegnungen mit deutschen Seniorengruppen

Zum Ausgleich der vorhandenen Kontaktdefizite zur deutschen Bevölkerung sind regelmäßige Treffen wichtig. Ein attraktives Angebot, um deutsche und italienische alte Menschen einander näher zubringen, ist die Organisation von gemeinsamen Ausflügen und sonstigen Unternehmungen.

Die Kontakte der italienischen Seniorengruppe zu deutschen Gruppen sind für die alten Menschen sehr wichtig, denn allein schaffen sie es nicht, eine deutsche Begegnungsstätte zu besuchen, auch wenn ihrerseits Interesse besteht. Wegen der Sprache, fehlender muttersprachlicher Informationen und wegen der Mentalitätsunterschiede nehmen sie an Aktivitäten und Angeboten der deutschen alten Menschen alleine nicht teil.

Aber auch seitens der deutschen Altenhilfeeinrichtungen werden keine Angebote und keine Aktivitäten durchgeführt, die den besonderen Bedürfnissen und den besonderen Lebenssituationen älterer Migranten gerecht werden, und das Personal verfügt nicht über die notwendigen interkulturellen Kompetenzen.
Ein Teilnehmer des italienischen Seniorenclubs berichtet, daß er einmal den Versuch machte, eine deutsche Begegnungsstätte zu besuchen. An diesem Tag beschäftigte sich eine Gruppe deutscher Besucher mit dem Lösen von Kreuzworträtseln, woran er sich aufgrund fehlender Deutschkenntnisse nicht beteiligen konnte.
Bei den Begegnungsmöglichkeiten zwischen italienischen und deutschen alten Menschen wird auf einen geselligen Rahmen geachtet, aber auch Gemeinsamkeiten und Unterschiede der beiden Seniorengruppen herausgearbeitet. Die Gruppe wechselt sich in der Einladung ab. Ziel dieses Wechsels zwischen Gastgeber- und Gaststatus ist die Stärkung des Selbstwertgefühles der einzelnen Mitglieder durch die Übernahme der Verantwortung für Gestaltung und der Bewirtung. Dies hat für die italienischen alten Menschen eine besondere Bedeutung: Gastgeber zu sein für die Angehörigen des "Gastlandes".
Nach mehreren Veranstaltungen ist festzustellen, daß die deutschen und italienischen alten Menschen zwar gern zusammen sind, gemeinsam singen, tanzen und Spaß haben, aber die sprachlichen Schwierigkeiten oftmals intensive Gespäche und Kontakte verhindern. Es bilden sich Gruppen, wo Deutsche und Italiener getrennt sind. Dieses Problem gilt es für die Zukunft noch zu bewältigen, damit auch auf dieser Ebene Begegnungen möglich sind.
Seit 1990 finden mehrere Veranstaltungen mit der Begegnungsstätte Bischof-Moser-Haus statt, wie z.B. wöchentliche nonverbale Aktivitäten (Gymnastik, Chor, Werken, Ausflüge), monatlicher italienischer Mittagstisch und jährliches deutsch-italienisches Seminar.

Begegnungen zwischen zwei verschiedenen Gruppen ethnischer Minderheiten

Es wurden erste Schritte unternommen, Begegnungen zwischen zwei verschiedene Gruppen ethnischer Minderheiten zu ermöglichen, Berührungsängste bestehen nicht nur zwischen Deutschen und Ausländern, sondern auch unter den verschiedenen Nationalitäten. Alle Angehörige der ethnische Gruppen verbindet die Migrationsgeschichte und das Altwerden in der Fremde. Diese Gruppen blieben jedoch isoliert und Vorurteile und

Klischees der "Fremdarbeiter" über andere "Fremdarbeiter" entstanden und wurden nicht bearbeitet. Die Freizeit des Ruhestandes öffnet auch hier neue Wege, die jedoch initiiert und begleitet werden müssen.
Die Begegnungen zwischen griechischen und italienischen Senioren wurden weitergeführt und haben dazu beigetragen, Vorurteile abzubauen. Im Vorfeld der Veranstaltungen konnten sich die italienischen Senioren eine Begegnung eigentlich nur mit spanischen oder portugiesischen Senioren vorstellen, da sie zu diesen Gruppen eine kulturelle, sprachliche, religiöse Nähe empfinden.
Die überraschend positiven Erfahrungen der italienisch-griechischen Begegnungen öffnete ihren Blick. Das Kennenlernen der Gruppe untereinander, die Vorstellung traditionellen Liedgutes und Tänze und das Servieren italienischer und griechischer Spezialitäten veränderte das Bild über die jeweils andere Gruppe, wie es sich über Jahrzehnte nicht hinterfragt manifestieren konnte. Die Kommunikationssprache war Deutsch, womit die deutsche Sprache eine neue Dimension erhielt.
Seit 1992 organisiere ich auch Treffen mit einer türkischen Seniorengruppe. Die bikulturellen Begegnungen stießen auch hier zunächst auf Vorbehalte innerhalb der jeweiligen Gruppen. Zu den Verhaltensunsicherheiten, die die Teilnehmer jeder Gruppe zeigten, wenn sie mit einer ihnen unbekannten Gruppe zusammentrafen, kamen spezifische Verunsicherungen hinzu, wie z.B. andere Verhaltensweisen, sprachliche Verständigungsschwierigkeiten, Vorbehalte, die ihre Wurzel in den Vorstellungen über historische Ereignisse haben.
Das Fremdbild türkischer Menschen ist gerade bei Süditalienern geprägt von der Folklore (z.B. Liedern, die die Eroberung zur Zeit des osmanischen Reiches thematisieren). Dazu kommt die festungsartige Architektur ihrer Dörfer, die sie auch heute noch an drohende Invasionen aus Übersee erinnert.
Eine zeitgemäße Vorstellung von Seiten der Italiener über die Türkei oder türkische Einwanderer in Deutschland existiert nicht. Für die Gestaltung der bikulturellen Treffen waren deshalb vorbereitende Gespräche nötig:
1. Öffnung von Gesprächsräumen, in denen die bestehenden Vorbehalte und Vorurteile geäußert werden.
2. Es wurde versucht, in gemeinsamen Gesprächen ähnliche Lebenssituationen und verbindende Erfahrungen herauszuarbeiten wie z.B. die Tatsache der Migrationserfahrungen, die türkische und italienische Menschen verbinden.
Es zeigte sich, daß viele Vorurteile nicht auf der Grundlage der konkreten Begegnungen gebildet werden, sondern daß es sich dabei um die Zuschrei-

bungen von Stereotypen und Klischees handelt, die genährt werden z.B. durch die Medien genährt werden, aber jeder Realität entbehren.

Durch die Diskussion wurde den Teilnehmern dieser Prozeß bewußter und sie konnten sich vorstellen, in einem gemeinsamen Treffen Offenheit für die einzelnen Menschen zu zeigen.

Von bikulturellen Begegnungen bis zu einem internationalen Stammtisch

Die bikulturellen Begegnungen sind in der Anfangsphase und sollen regelmäßig gepflegt werden . Der nächste Schritt für mich ist die Gründung eines "Internationalen Seniorenstammtisches", in dem die verschiedenen Mitglieder der sogenannten "Gastarbeiternationen" und interessierte deutsche Senioren repräsentiert sind.

Grundlegende Überlegungen zu diesem Stammtisch sind sowohl die ethnischen Gruppen zu öffnen als auch bikulturelle Begegnungen zu interkulturellen Begegungen zu erweitern, die eine Konfrontation mit allen in der gesellschaftlichen Realität lebenden Gruppen ermöglicht. Inhaltlich ist daran gedacht, daß die verschiedenen Gruppen sich präsentieren und ein Austausch über Unterschiede und Gemeinsamkeiten stattfindet.

Das Medium des Stammtisches wird gewählt, um eine ganze Breite von geselligen Zusammentreffen bis hin zu strukturierten themenzentrierten Veranstaltungen vorzubereiten, z.B. Informationen über die jeweilige kulturelle Herkunft, die aber auch mit Rechtsfragen, mit altersspezifischen Themen, usw. verknüpft werden sollen.

Eine besondere Herausforderung für die erste Generation der Arbeitsmigranten ist, daß die deutsche Sprache, die für alle die verbindende Sprache ist, von allen unzureichend beherrscht wird.

Die weiterführenden Überlegungen münden zunächst in eine interkulturelle Senioren-Begegnungsstätte, die es erlauben würde, ein differenziertes Konzept und eine erweiterte Angebotspalette zu ermöglichen. Eine informelle spontane Begegnung und eine Initiative könnte in diesem Raum wachsen.

Anläßlich der Veranstaltung "Herbst der Kulturen 94" (Ausländerwoche) in Stuttgart haben die italienischen, türkischen, griechischen Sozialdienste und die Begegnungsstätten von AWO und Caritas zum ersten Mal einen internationalen Seniorennachmittag veranstaltet, an dem ca. 200 Senioren teilgenommen haben. Für das Jahr 1995 sind vier internationale Seniorennachmittage geplant, bei denen sich jeweils eine der vier Nationalitäten vorstellt und somit ein Austausch über Unterschiede und Gemeinsamkeiten stattfinden kann.

Deutsch-Sprachunterricht

Diese Begleitung in die deutsche Gesellschaft in Form von Exkursionen, bikulturellen und internationalen Veranstaltungen mit Deutschen und ethnischen Minderheiten bildet eine neue Motivationsgrundlage, die deutsche Sprache zu erlernen.
Die Qualität des Kontaktes zur fremdsprachlichen Umgebung ist ausschlaggebend für die Motivation zum Sprachenerwerb. Im höheren Lebensalter entstehen unter Umständen neue Motivationszusammenhänge, die deutschen Sprachkenntnisse zu verbessern. Motivierende Alltagserfahrung kann sowohl die Verständigung mit dem deutschsprechenden Enkel, als auch die interkulturelle Begegnung mit verschiedenen ethnischen Gruppen sein, in der - in aller Regel - die deutsche Sprache gemeinsame Verkehrssprache ist.
Ein Sprachunterricht für ältere Ausländer muß unter bestimmten methodischen und didaktischen Überlegungen konzipiert werden. Die Erfahrungen und Erlebnisse mit den Exkursionen und bikulturellen Veranstaltungen sollten thematische Grundlage des Sprachunterrichts bilden. Wiederkehrende deutsche Begriffe sollten im Unterricht aufgegriffen und vertieft werden. Die gemeinsamen Erlebnisse bleiben damit nicht nur auf der Ebene der konsumorientierten Freizeitgestaltung, sondern bilden die Grundlage einer Reflektion des Erlebten. Die Themen des Deutschunterrichtes sollen eng angeknüpft sein an die Alltagswelt und die gemeinsamen Alltagserlebnisse der Kursteilnehmer.
Weiterführende methodische Überlegungen sind die Herstellung von Lernsituationen, in denen gemeinsame Tätigkeiten wie z.B. Kochen, Werken, Gymnastik, Gesang verbunden werden mit der Vermittlung der deutschen Sprache. Diese Lernsituationen sollen frei sein von Leistungsorientierung, vielmehr Kreativität und einen phantasievollen Umgang mit Lerninhalten fördern. Ein ganzheitliches und "organisches " Erlernen der deutschen Sprache ist gegeben, wenn derartige Veranstaltungen von deutschen und ausländischen Teilnehmern besucht werden.
Von März 1992 bis Ende 1993 wurde im Centro Italiano ein Deutschkurs für italienische Senioren angeboten, der vom "Sprachverband Deutsch für Ausländer" gefördert wurde.

Seniorenseminare

Das Centro Italiano veranstaltet seit 1990 dreitägige Seniorenseminare. Die Themen dieser Seminare bezogen sich auf die Lebenssituation der älteren Ausländer. Durch die dreitägigen Veranstaltungen, herausgelöst aus dem normalen Alltagsrhythmus, entwickelten sich intensive Gespräche und Begegnungen der Teilnehmer. Es zeigte sich, daß ein Reflektionsprozess über die eigenen Lebenssituations- und altersspezifischen Fragen angeregt und begleitet werden muß.
In einem gemeinsamen Erfahrungsaustausch der Teilnehmer erlernten sie Bedürfnisse zu äußern, bis dahin verschwiegene Ängste zu artikulieren und positive Perspektiven für das Leben im Alter zu entwickeln.
Die Seminare boten außerdem den Raum, eine solidarische Selbsthilfe wie z.B. Telefonkette und Nachbarschaftshilfe zu initiieren. Gerade die isolierte Lebenssituation der älteren Ausländer gibt dieser Art sowohl als Lernfeld aber auch als konkretem Kommunikationsrahmen, eine immense Bedeutung.
Eine Programmatik der Altenhilfe, die Maßnahmen an den Bedürfnissen der älteren Menschen zu orientieren, erfüllt sich erst im Rahmen derartiger Seminare. Sie bieten den kommunikativen Raum, der benötigt wird, um Bedürfnisse zu erkennen, zu formulieren und Antworten auf die Frage zu finden, welcher Art die Hilfestellung und Maßnahmen sein müssen.
Nachdem ich in den vorigen Jahren nur für italienische Senioren Seminare veranstaltet habe, habe ich letztes Jahr zum ersten Mal von den zwei dreitägigen Seniorenseminaren eines mit deutschen und italienischen Senioren angeboten mit dem Thema "Gemeinsam älterwerden. Schwierigkeiten und Chancen einer multikulturellen Gesellschaft". Auch für dieses Jahr ist ein bikulturelles Seminar in Zusammenarbeit mit dem Bischof-Moser-Haus geplant mit dem Thema "Das Alter sinnvoll gestalten durch die Begegnung verschiedener Kulturkreise. Gemeinsam kreativ sein".

Telefonkette

Bekanntermaßen wird im höheren Lebensalter weniger der Tod als die eventuell eintretende körperliche Gebrechlichkeit bzw. Pflegebedürftigkeit tabuisiert. Dies hat zur Folge, daß in aller Regel nicht in ausreichendem Maße Vorsorge für derartige Notsituationen getroffen wurden.
Auf dem Hintergrund der Erfahrung, daß die Mitglieder der italienischen Seniorengruppe immer wieder Ängste und Befürchtungen äußerten, was im Notfall zu tun wäre, wurde eine Telefonkette aufgebaut. Die Bedeutung

dieser Hilfe läßt sich daran ermessen, daß der Sozialarbeiter bei Hausbesuchen feststellte, daß die Telefonnummern der Partner über dem Telefon angebracht sind.
Ein Nebeneffekt dieser Aktion war, daß Teilnehmer, die bisher über kein Telefon verfügten, die Bedeutung dieses Kommunikationsmittels für ältere Menschen erkannten.

Häuslicher Krankenpflegekurs

Im Bereich der häuslichen Krankenpflege, die in erster Linie durch Sozial- und Diakoniestationen abgedeckt wird, gilt das Prinzip, pflegende Angehörige durch ein Konzept "Hilfe zur Selbsthilfe" zu unterstützen. Spezielle muttersprachliche Kursangebote für ältere Ausländer sollen zum einen präventiv vorbereiten auf Aufgabenfelder, die mit einer eventuell auftretenden Pflegebedürftigkeit, z.B. des Ehepartners, entstehen. Zum anderen sollen alleinlebende ältere Menschen zu Fragen einer adäquaten Gesundheitsvorsorge im Alter vorbereitet werden. Dazu gehören Themen wie die gesunde Lebensführung im Alter, aber auch eine informative Vorbereitung über sozialpflegerische Hilfsdienste, die unter Umständen angefragt werden müssen, um so lange wie möglich eine selbständige Lebensführung in der eigenen Häuslichkeit zu garantieren. Aus Gesprächen mit älteren Menschen ist bekannt, daß eine sehr große Verunsicherung besteht bezüglich der Zukunft, die sich vielleicht dadurch kennzeichnet, daß der Alltag nicht ohne fremde Hilfe bewältigt werden kann. Diese Unsicherheit wird durch das Gefühl verstärkt, in einem fremden Land alt zu werden. Deshalb gewinnen diese Kurse neben dem Ziel der Vermittlung von Kenntnissen und Informationen auch eine immense psychologische Bedeutung.

Telefono Amico (muttersprachlicher Telefondienst)

Seit November 1993 wurde ein Telefono amico für ältere italienische Mitbürger und deren Angehörige eingerichtet, nachdem ein Team von italienischen und deutschen ehrenamtlichen Mitarbeitern mit Unterstützung des Stadtseniorenrates geschult worden war. Auch hier wurde viel Öffentlichkeitsarbeit geleistet sowohl in deutschen als auch in italienischen Zeitungen und im Rundfunk. Die Einrichtung dieses muttersprachlichen Telefondienstes hat sich sehr bewährt, da gerade die italienischen Ruheständler die deutsche Sprache meist nur sehr bruchstückhaft beherrschen, obwohl die meisten bereits jahrzehntelang hier leben. Treten dann kritische Lebenssituationen auf, sind sie häufig nicht in der Lage, das vielfältige deutsche Hilfsangebot zu nutzen. Die häufigen Anrufe von italienischen Senioren bestätigen, daß eine muttersprachliche Beratung unter einer bestimmten Telefonnummer erforderlich war.

Stationäre Einrichtungen. Ein Beitrag zur Zugänglichkeit.

Auch wenn heutzutage nur einzelne ältere Ausländer wegen Pflegebedürftigkeit in einem Altenpflegeheim untergebracht werden und der Schwerpunkt mehr in der offenen Altenhilfe liegt, ist es schon heute wichtig und notwendig, daß wir uns mit dieser Thematik auseinandersetzen und auch hier neue Wege beschreiten. Es ist sicherlich schwierig für einen Deutschen in einem Land, das sehr leistungsorientiert ist, im Alter nicht zu vereinsamen und das Gefühl zu erlangen, weiter gebraucht zu werden. Dies gilt gleichermaßen für Deutsche und für Ausländer, allerdings mit dem Unterschied, daß ältere Ausländer wegen ihrer Sprache, Kultur, Eßgewohnheiten und ihres Glaubens benachteiligter sind.
Um zu vermeiden, daß ältere Ausländer in deutschen Alten/Pflegeeinrichtungen wegen ihrer Besonderheiten vereinsamen und in ihren Bedürfnissen unterversorgt werden, sollte schon heute Hilfestellung gewährleistet sein, damit sie über ihre Lebensplanung selbst mitbestimmen können.
In der Praxis versuche ich, daß Kontakte zwischen rüstigen älteren Ausländern und deutschen Bewohnern geknüpft werden, bzw. versuche regelmäßige Besuche im Heim zu organisieren, um das gegenseitige Kennenlernen zu fördern.
Man darf darüber hinaus nicht vergessen, daß ein Ausländerhaß sehr schnell unter den deutschen Bewohnern entstehen kann, wenn nicht im Vorfeld Aufklärungsarbeit geleistet wird. Das erfordert, daß das Personal auf diese Problematik sensibel und offen reagiert. Auf diese Weise könnte man auf Dauer eine gegenseitige Toleranz erreichen, die es möglich macht, daß auch ältere Italiener im Heim ein menschenwürdiges Dasein erhalten. Die regelmäßigen Besuche von rüstigen italienischen Senioren in einem deutschen Heim tragen noch dazu bei, daß das Mißtrauen gegenüber deutschen Einrichtungen abgebaut wird und daß die Angebote im Heim auch auf die Befriedigung ihrer spezifischen Lebensbedürfnisse ausgerichtet werden können. Sie erleichtern gleichzeitg für einige Italiener die Entscheidung zu treffen, im Heim "auf Probe" zu wohnen, bevor sie pflegedürftig werden; damit können sie ein realistisches Bild von Alltag im Heim erhalten und sich darauf einstellen.
Gleichzeitig ist es wichtig, daß andere Wohnformen im Alter zum Thema werden, z.B. reicht die Palette von alleine wohnen mit ausreichenden

Dienstleistungen bis hin zu betreuten Wohngruppen. Voraussetzung ist, daß die Betroffenen klare Lebensperspektiven über die Frage des Hierbleibens oder Zurückkehrens mitbringen.
Seit einigen Jahren werden regelmäßig mit dem Alten- und Pflegeheim "Haus Martinus" drei Veranstaltungen angeboten. Bei denen jeweils Haus Martinus, Bischof-Moser-Haus und italienischer Seniorenclub die Veranstalter sind.
Die Arbeit mit dem italienischen Seniorenclub richtet sich nur an rüstige italienische alte Menschen. Für Pflegebedürftige und diejenige, die den italienischen Seniorenclub nur schwer erreichen, gibt es keine entsprechenden Angebote.
Um möglichst vielen italienischen alten Menschen Gelegenheit zur Teilnahme an den Veranstaltungen zu geben, wäre es in Anbetracht der schon erwähnten Situation notwendig, stadtteilorientierte Gruppen zu bilden und dabei die vor Ort vorhandenen Ressourcen zu nutzen. Bei diesen Gruppen, in deutschen Einrichtungen angesiedelt, sollten die italienischen alten Menschen die Möglichkeit haben, eigene Räumlichkeiten zu nutzen und gestalten zu können, um ihre kulturelle Identität zu bewahren und weiterzuentwickeln. Die Begleitung der Gruppe sollte durch einen ihr vertrauten Mitarbeiter gewährleistet sein, damit u.a. Kontakte zu Deutschen überhaupt zustande kommen.

Ansätze eine kommunalen Altenarbeit mit Migrantinnen und Migranten aus der Sicht der Sozialarbeit

Die demographische Entwicklung älterer Migranten zeigt, daß in den nächsten Jahren diese Personengruppe in immer größerer Zahl auf das deutsche Altenhilfesystem zukommen wird.
Aufgrund ihrer besonderen Bedürfnisse und Problemlagen wird künftig eine stärkere Zusammenarbeit von Fachleuten der Ausländer- und Altenhilfe bezüglich der Koordination und der Planung notwendig sein.
Es besteht sowohl auf seiten der Mitarbeiter der Ausländerhilfe als auch auf seiten der Mitarbeiter der Altenhilfe ein Informationsdefizit über die Lebens- und Bedürfnislage der älteren Arbeitsmigranten.
Der Aufbau einer kommunalen Altenarbeit muß an diesem Punkt ansetzen. Die Voraussetzung dafür ist die Schaffung eines Forums, in dem der Erfahrungsaustausch zwischen den verantwortlichen Mitarbeitern stattfinden kann.
Um adäquate Hilfe für diese Zielgruppe anbieten zu können, haben wir in Stuttgart eine Arbeitsgemeinschaft "Älterer Migranten/innen in Stuttgart"

gegründet. An dieser AG nehmen teil: Vertreter der Altenhilfeplanung der Stadt, Vertreter der Frauen- und Wohlfahrtsverbände aus den Bereichen Altenhilfe und Ausländerhilfe und Vertreter für Erwachsenenbildung.
Aufgabe dieser AG ist die Bestandaufnahme und die Weiterentwicklung von Angeboten für älter gewordene Migranten. Es zeigt sich in Stuttgart, daß ein Gremium dieser Art Grundlage ist für die Entwicklung von Perspektiven im Altenbereich. Es fließen Erfahrungen und Kenntnisse beider Fachbereiche zusammen und Maßnahmen werden koordiniert.
Konkrete Arbeitsergebnisse dieser AG waren bisher:

- Eine Fortbildungstagung über die Lebenssituation älter gewordener Ausländer für die Mitarbeiter der Alten- und Ausländerhilfe der Wohlfahrtsverbände sowie für Vertreter des Jugendamtes.
- Eine Exkursion in exemplarischen Einrichtungen der ambulanten und stationären Altenhilfe für Sozialarbeiter und Multiplikatoren in der Ausländerhilfe.
  In Form einer Stadtrundfahrt gewannen die Teilnehmer einen Einblick in das deutsche Altenhilfesystem.
- Eine Projekttagung zum Thema "Auch Ausländer gehen in die Rente". Diese Tagung orientierte sich an den Ruhestandvorbereitungen für deutsche Arbeitnehmer und wurde sowohl für ausländische als auch für deutsche Berufstätige und deren Partner angeboten.
  Sie ist eine wichtige Orientierungshilfe für die weitere Lebensplanung. Muttersprachliche Fachkräfte sorgten dafür, daß Gespräche in kleinen Gruppen geführt wurden. Während der Tagung erhielten die Teilnehmer eine Beratung in Renten- und Soialversicherungsangelegenheiten sowie Informationen über die vorhandenen Hilfen im Heimatland.
- Organisation und Durchführung eines italienischen Mittagstisches.
  Die Eßkultur stellt einen sehr sensiblen Bedürftigkeitsbereich dieser Personengruppe dar und ist ein Teil ihrer Kultur, die bewahrt werden muß.
- Einrichtung eines Telefono Amico (muttersprachlicher Telefondienst) für italienische Senioren.
  Latente Ängste und Unsicherheiten bezüglich der eigenen körperlichen Kräfte nehmen im Alter zu. Bei plötzlich eintretender körperlicher und seelischer Hilflosigkeit müßten Strukturen im Sinne eines Notfalldienstes geschaffen werden. In zugespitzten Notsituationen ist die Muttersprache einziges Ausdrucks- und Verständigungsmittel. Die Einrichtung einer muttersprachlichen Telefonseelsorge könnte also eine "Erst Hilfe" darstellen.
- Erstellung einer muttersprachlichen Informationsbroschüre über Dienstleistungen der Altenarbeit unter Berücksichtigung der vorhandenen mut-

tersprachlichen Beratungsangebote. Bei der vorhandenen Inanspruchnahme von Hilfsangeboten müssen die eventuell eintretenden aufenthaltsrechtlichen Konsequenzen mitberücksichtigt werden.

- Erarbeitung einer Konzeption über die Integration der Gruppenarbeit mit und für ältere Migrantinnen/Migranten in die Regeldienste des Altenhilfebereiches unter Wahrung ihrer kulturellen Identität.
- Stellungnahme zu den Einrichtungen der IAV-Stellen in Stuttgart, da in ihrer Konzeption die Bedürfnisse und Belange älterer Migranten/innen nicht mit berücksichtigt worden sind.

Die Mitarbeiter der verschiedenen Einrichtungen informieren über konkrete Maßnahmen in ihren jeweiligen Bereichen und geben damit wichtige Impulse für die Mitglieder der AG, z.B. muttersprachlicher Telefondienst, häusliche Krankenpflegekurse. Die AG wiederum gibt Empfehlungen an Gremien der Ausländer- und Altenarbeit, z.B. Liga der Freien Wohlfahrtsverbände, Ausländerausschuß u.ä.

Schlußwort

Ich möchte betonen, daß eine entscheidende Bedeutung den Ausländersozialdiensten zukommt. Sie sind nicht nur wichtige Anlauf- und Kontaktstellen für die älteren Migranten, sondern sie bieten den Betroffenen Rückhalt, Kontinuität und Unterstützung bei der Umorientierung im fortgeschrittenen Alter.

Doch dies genügt nicht mehr. Es ist erforderlich, daß die Tätigkeitsfelder interkultureller Arbeit personell und strukturell auf das Tätigkeitsfeld interkultureller Altenarbeit vorbereitet werden, um in ausreichendem Maße die spezifischen sozialen Aufgaben einer Einwanderungsgesellschaft übernehmen zu können. Ältere Ausländer bilden eine Teilgruppe der insgesamt sehr heterogenen Gruppe alter Menschen.

Eine enge Zusammenarbeit zw. den Alten- und Ausländerdiensten bleibt unerläßlich, da Deutschland als Einwanderungsland mit immer neuen "ersten Generationen" zu rechnen hat. Die Zugangsbarrieren, die seitens der Migranten/innen die Inanspruchnahme von sozialen Diensten erschweren und auf der Seite der deutschen Altenhilfeeinrichtungen die Nutzung entsprechender Leistungen durch die älteren Migranten/innen verhindern, können dadurch überwunden werden.

Grußwort beim Abend im Italienischen Kulturzentrum in Fellbach

von: Friedrich-Wilhelm Kiel, Oberbürgermeister der Stadt Fellbach

Ich freue mich, Sie zum Abschluß des ersten Tages Ihrer Fortbildungsveranstaltung hier im Italienischen Kulturzentrum in Fellbach begrüßen zu können.

Dem Programm habe ich entnommen, daß ein Schwerpunkt des heutigen Tages 40 Jahre italienische Zuwanderungsgeschichte war. Fellbach besaß für die italienischen Gastarbeiter eine große Anziehungskraft. Auch heute noch stellen die italienischen Staatsangehörigen mit rund 28 % die stärkste Gruppe unserer ausländischen Mitbürgerinnen und Mitbürger (1994: 2271 von insgesamt 7945 Ausländern). Etwa gleichstark ist die Gruppe der Menschen aus dem ehemaligen Jugoslawien. In der Einwohnerstatistik folgen die Türken (rund 950 Personen) und Griechen (rund 750 Personen). Das Verhältnis der verschiedenen Nationalitäten unterscheidet sich also von der landesweiten Situation, die sich im übrigen auch im Rems-Murr-Kreis widerspiegelt.

Insgesamt liegt der ausländische Bevölkerungsanteil in Fellbach heute bei rund 19%, also deutlich über dem Bundes-, Landes- und Landkreisdurchschnitt (1993: 14 %).

Er hat sich in den vergangenen Jahrzehnten kontinuierlich erhöht. Lag er 1960 bei 2,5 %, so erhöhte er sich bis 1965 auf 8,4 %, bis 1975 auf 14 %. In den Jahren bis 1990 folgte dann ein langsamer Anstieg auf 15,9 %. Die Entwicklung in den 90er Jahren spiegelt die erheblichen politischen und wirtschaftlichen Umbrüche in Osteuropa und v.a. den Bürgerkrieg im ehemaligen Jugoslawien wider. Die Zahl der ausländischen Personen mit Wohnsitz in Fellbach stieg nochmals deutlich an. Der Höhepunkt war 1993 mit 8910 Personen erreicht. Im vergangenen Jahr nahm die absolute Zahl wegen der Rückkehr vieler Bürgerkriegsflüchtlinge in ihre Heimatländer wieder ab.

Abgesehen von den angesprochenen Besonderheiten, entsprechen die allgemeinen Tendenzen der Entwicklung der ausländischen Bevölkerung in Fellbach den Trends auf Landes- und Bundesebene.

Liselotte Funcke, die ehemalige Ausländerbeauftragte der Bundesregierung, hat Integration einmal als "ein schrittweises Einleben in unsere Lebensverhältnisse und ein friedliches Zusammenleben von Menschen unterschiedlicher Herkunft in gegenseitigem Respekt vor dem nationalen, kulturellen und religiösen Selbstverständnis des jeweils anderen" bezeichnet.

Dies zu verwirklichen erfordert rechtliche und gesellschaftliche Maßnahmen, vor allem aber auf beiden Seiten ein hohes Maß an gesellschaftlicher Toleranz. Schon früh haben wir in Fellbach erkannt, daß unseren ausländischen Mitbürgerinnen und Mitbürgern die Möglichkeit zur kommunalpolitischen Mitwirkung gegeben werden muß.

Um die Ausländerarbeit zu intensivieren, beschloß der Gemeinderat im Februar 1977 die Bildung eines paritätisch besetzten Ausländerbeirats. Am 25. August 1977 fand die konstituierende Sitzung statt. Fellbach war damit eine der ersten Städte, die ein solches Gremium hatte. Der Fellbacher Ausländerbeirat hat bundesweit Maßstäbe gesetzt.

1978 fand erstmals eine direkte Wahl der Vertreter der ausländischen Bevölkerungsgruppen statt. Die Wahlbeteiligung lag bei den seither stattgefundenen Wahlen jeweils bei rund 40 Prozent. 1992 sank sie allerdings auf 34 Prozent.

Dem Fellbacher Ausländerbeirat gehören neben Vertretern der Stadtverwaltung und des Gemeinderats, sowie der Italiener, Kroaten, Türken, Griechen und Spanier, auch Vertreter der Kirchengemeinden, der Arbeiterwohlfahrt, des Arbeitskreises für ausländische Mitbürger und der Geschäftsführende Schulleiter der Fellbacher Schulen an.

Für die erfolgreiche Arbeit ist neben der Einbeziehung verschiedener Organisationen und Institutionen v.a. die Verzahnung mit dem Gemeinderat wichtig. Auch die Verbindung zu anderen gemeinderätlichen Gremien ist gegeben. Der Ausländerbeirat entsendet ein Mitglied in den Frauenbeirat.

Mit dem Ausländerbeirat wurde 1977 Neuland betreten. Seine Arbeit in den vergangenen Jahren war erfolgreich. Ein Beispiel für die erfolgreiche Arbeit: Dank der im Ausländerbeirat diskutierten und entwickelten Werbe- und Aufklärungsaktionen konnte erreicht werden, daß heute rund 85 % der ausländischen Kinder einen Kindergarten besuchen.

Durch den Ausländerbeirat wurden die Kontakte zwischen den Menschen verschiedener Kulturen sowie zwischen den Ausländern insgesamt und den Deutschen verbessert. Es entwickelte sich in Fellbach ein größeres Verständnis für die unterschiedlichen Belange und Bedürfnisse. In Fellbach gab es keine ausländerfeindlichen Übergriffe und Ausschreitungen. Stadtverwaltung, Gemeinderat und Bürgerschaft haben bei verschiedenen An-

lässen die Ereignisse in anderen Städten und Gemeinden entschieden verurteilt.
Eine wichtige Funktion im bürgerschaftlichen Leben der Stadt haben die ausländischen Vereine. Sie schaffen nicht nur Begegnungsmöglichkeiten für die Angehörigen der verschiedenen Nationen und fördern die Bewahrung der Bräuche des Heimatlandes, sie stehen ihren Landsleuten auch mit Rat und Hilfe bei verschiedensten Problemen zur Seite. Ganz bewußt haben die Vereine auch die Kontaktpflege zur deutschen Bevölkerung und zu anderen Nationalitäten in ihre Satzungen aufgenommen. Die Stadt unterstützt die Arbeit der Vereine. So werden z.B. die Räumlichkeiten unentgeltlich zur Verfügung gestellt.
Für viele Menschen sind nationenübergreifende Begegnungen am Arbeitsplatz oder Freundschaften zur Normalität geworden. Seit vielen Jahren bietet auch die Fellbacher Fiesta International, das vom Ausländerbeirat veranstaltete Fest der ausländischen Vereine, die Möglichkeit, einzelne Aspekte der kulturellen Vielfalt der ausländischen Mitbürger kennenzulernen. Ganz selbstverständlich ist auch die Teilnahme ausländischer Gruppen beim Umzug am Fellbacher Herbst, dem traditionellen Herbst- und Erntedankfest.
Die Integration der ausländischen Mitbürgerinnen und Mitbürger ist in Fellbach weit vorangeschritten. Die Teilnahme und Vertretung der Ausländer an Freizeit-, Bildungs- und Kultureinrichtungen, von Ausnahmen wie den großen Sportvereinen oder dem Fellbacher Jugendhaus abgesehen, entspricht nicht dem Bevölkerungsanteil. Das Thema "Junge Ausländer in deutschen Vereinen" stand Ende letzten Jahres auf der Tagesordnung des Ausländerbeirats. Gemeinsam mit dem Stadtjugendring will man hier aktiv werden.
40 Jahre "Gastarbeiter" in Deutschland bedeuten 40 Jahre faktisch vollzogene Einwanderung. Die Integration der Zuwanderer und ihrer nachgekommenen bzw. bereits bei uns geborenen Familienangehörigen stellt Politik und Gesellschaft vor große Herausforderungen. Auf kommunaler Ebene konnte in den vergangenen Jahren einiges erreicht werden. Erfolgreich können die Bemühungen um eine Integration jedoch nur sein, wenn sie begleitet werden von klaren Vorgaben im Ausländer- und Staatsangehörigkeitsrecht. Auch hier müssen die Konsequenzen aus der Entwicklung gezogen werden. Antiquierte Rechtspositionen, die es in anderen Staaten Europas in vergleichbarer Weise nicht gibt, müssen überdacht werden.

Vom Auswanderungsland ohne Auswanderungsgesetz zum Einwanderungsland ohne Einwanderungsgesetz: deutsche Paradoxien im 19. und 20. Jahrhundert

Von: Prof. Dr. Klaus J. Bade, Universität Osnabrück

Auswanderung hat bei den Deutschen eine lange historische Tradition. Sie ist im Grunde bis heute nicht abgerissen, aber weit zurückgetreten hinter die um ein vielfaches stärkere Zuwanderung aus dem Ausland. Bei den Wanderungen aus dem 'deutschen' bzw. deutschsprachigen Kulturraum, deren Anfänge bis zu den 'Siebenbürger Sachsen' Mitte des 12. Jahrhunderts zurückreichen, dominierte bis ins frühe 19. Jahrhundert die kontinentale Auswanderung nach Ost- und Südosteuropa. Ihre Geschichte ist im Grunde erst mit der Einwanderung ('Rückwanderung') der hierzulande 'Aussiedler' genannten Nachfahren jener Osteuropa-Auswanderer wieder ins öffentliche Bewußtsein zurückgekehrt.

Erst in den 1830er Jahren trat der kontinentale Oststrom aus Deutschland zurück hinter dem säkularen Weststrom der transatlantischen Massenauswanderung, die zu 90% in die Vereinigten Staaten führte. Von 1816 bis 1914 wanderten rund 5,5 Millionen und seither nochmals mehr als 1,5 Millionen Deutsche in die Vereinigten Staaten aus.

Wichtigste wirtschafts- und bevölkerungsgeschichtliche Schubkraft der transatlantischen Massenauswanderung des 19. Jahrhunderts war das Mißverhältnis im Wachstum von Bevölkerung und Erwerbsangebot in der Übergangskrise von der Agrar- zur Industriegesellschaft. Beim deutschen Traum von 'Amerika' überschnitten sich die verschiedensten Hoffnungen, Erwartungen und Gegenbilder zur Wirklichkeit im Auswanderungsland. Von religiös-weltanschaulichen, sozialutopischen und politischen Vorstellungen und von der Flucht politisch verfolgter Revolutionäre von 1848/49 abgesehen, dominierten in der transatlantischen Massenbewegung des 19. Jahrhunderts eindeutig die ökonomischen und sozialen Motive und Ziele. Im Jargon des späten 20. Jahrhunderts gesprochen, waren die meisten Deutschen, im in die Neue Welt strömenden Massenexodus des 19. Jahrhunderts, 'Wirtschaftsflüchtlinge' im besten Sinne des Wortes.

Die breite öffentliche und politische Diskussion um Auswanderungsfragen in den 1840er Jahren fand ihren Höhepunkt in dem von der Frankfurter Nationalversammlung 1849 angenommenen Auswanderungsgesetz. Es sah ein zentrales Auswanderungsamt vor, das den Rang eines Reichsministeriums erhalten sollte. Leitgedanken waren unbeschränkte Auswanderungsfreiheit, Schutz für Auswanderer und Deutsche im Ausland, Konzessionierung der Auswanderungsagenten und Überwachung der Auswandererschiffe. Die Revolution scheiterte, Auswanderungsgesetz und Auswanderungsamt blieben ein revolutionärer Traum. Der zweite Höhepunkt in der Auswanderungsdiskussion kam, in Verbindung mit der Kolonialdiskussion, Anfang der 1880er Jahre. Abermals wurde nach staatlicher Auswanderungsgesetzgebung und Auswanderungspolitik verlangt. Die transatlantische Massenbewegung aber blieb weitgehend sich selbst überlassen.
Von 'deutscher' Auswanderungsgesetzgebung konnte vor der Reichsgründung von 1871 ohnehin nicht die Rede sein. Lediglich im Bereich des Auswandererschutzes gab es 1869 den - nach aufsehenerregenden Meldungen über katastrophale Zustände an Bord von Auswandererschiffen - eingesetzten 'Bundeskommissar (später Reichskommissar) für das Auswanderungswesen'. Er hatte das Auswanderungswesen und insbesondere die Auswandererschiffe in Hamburg und Bremen zu überwachen, darüber zu berichten und bei Mißständen die lokalen Behörden um Abhilfe zu ersuchen. Das staatliche Engagement in Auswanderungsfragen beschränkte sich ansonsten auf unterschiedliche innenpolitische Regelungen der einzelnen deutschen Staaten, insbesondere gegen ausländische Auswanderungsagenten und gegen die Auswanderung von Militärpflichtigen.
Die Reichsverfassung von 1871 übertrug dem Reich zwar ausdrücklich die Zuständigkeit in Auswanderungsfragen. Für Auswanderungsgesetzgebung oder gar ein Auswanderungsamt aber gab es keine Chancen in der Bismarckzeit. Das hatte seinen Grund wesentlich in der Vorstellung Bismarcks und führender, vor allem agrarisch-konservativer Kreise im Kaiserreich, eine legislative Beschäftigung mit Auswanderungsfragen werde die Auswanderung durch amtliche Anerkennung nur mehren. Das aber war äußerst unerwünscht, denn die Hauptkontingente der starken Auswanderung der 1880er Jahre stammten aus den vorwiegend agrarischen, von 'Leutenot' geplagten Nordostgebieten des Reichs.
Erst mehr als ein Vierteljahrhundert nach der Reichsgründung wurde von der 1871 festgelegten Zuständigkeit des Reichs in Auswanderungsfragen Gebrauch gemacht: Das erste Reichsgesetz über das Auswanderungswesen trat 1897 in Kraft, als die Massenauswanderung des 19. Jahrhunderts bereits einige Jahre lang der Vergangenheit angehörte.

In den Anfangsjahren der Weimarer Republik gab es 1919-1924 ein - unglücklich zwischen zwei Ministerien eingekeiltes - 'Reichsamt für deutsche Auswanderung, Rückwanderung und Einwanderung (Reichswanderungsamt)'. Es wurde schon 1924 vom Rotstift des Sparkommissars zu einer 'Reichsstelle für das Auswanderungswesen' zurückgestutzt, weil die bei Kriegsende erwarteten gewaltigen Wanderungsbewegungen ausblieben.
Gegenüber der kontinentalen Zuwanderung nach Deutschland gab es von Anbeginn an ein nachdrückliches staatliches Engagement mit defensiven Intentionen. Es ging von Preußen aus; denn die stärksten Kontingente der kontinentalen Zuwanderung nach Preußen kamen über die Ostgrenzen.

Seit dem späten 19. Jahrhundert hatte es bei den Wanderungen über die deutschen Grenzen eine wachsende Überlagerung der transatlantischen Auswanderung durch kontinentale Zuwanderung gegeben: Im Wirtschaftsaufschwung der beiden Jahrzehnte vor dem Ersten Weltkrieg war Arbeitskräftemangel an die Stelle jenes herkömmlichen Überangebots an Arbeitskraft getreten, das vorher die wichtigste wirtschafts- und bevölkerungsgeschichtliche Antriebskraft der überseeischen Massenauswanderung gewesen war.
Seit den 1890er Jahren stieg deshalb die kontinentale Zuwanderung ausländischer Arbeitskräfte nach Deutschland und vor allem nach Preußen zur Massenbewegung auf. Wurden von 1880 bis 1893 noch 1,8 Millionen deutsche Auswanderer gezählt, so gab es 1913 nach amtlichen Schätzungen bereits 1,2 Millionen 'ausländische Wanderarbeiter' im Reich. Am stärksten vertreten waren Arbeitswanderer aus dem östlichen Ausland, insbesondere Polen aus dem russischen Zentralpolen, sowie Polen und Ruthenen aus dem österreichischen Galizien und Italiener.
In der 'Wanderarbeiterfrage' kollidierten in Preußen in den 1880er und frühen 1890er Jahren ökonomische und politische Interessen: Gegen das Interesse von Arbeitgebern an den 'billigen und willigen' auslandspolnischen Arbeitskräften, stand die politische Sorge vor einer Destabilisierung der polnisch geprägten Gebiete im preußischen Osten, wo der nationalrevolutionäre Traum von der Auferstehung eines polnischen Staates nicht zu unterdrücken war. Leitmotiv der 'preußischen Abwehrpolitik' war deshalb die Skepsis gegenüber einer 'Polonisierung des Ostens' durch Zuwanderung aus dem östlichen Ausland.
Die Vermittlung im Konflikt zwischen ökonomischen und politischen Interessen lag in dem Versuch, den auslandspolnischen Arbeitskräftezustrom durch Zwangsrotation in die Bahnen einer transnationalen Saisonwanderung zu zwingen. Die Arbeitskräftereserve aus dem östlichen Ausland

wurde im Frühjahr willkommen geheißen. Sie hatte aber, bei Strafe der Abschiebung, preußisches Staatsgebiet vor Weihnachten wieder zu verlassen. Landwirtschaftliche Arbeitgeber hatten damit wenig Probleme. Arbeitgeber in Industrie und Gewerbe kämpften, meist vergeblich, um Ausnahmegenehmigungen für die Beschäftigung auslandspolnischer Arbeitskräfte über die Jahresgrenzen hinweg.
In Fragen der transnationalen Migration gab es auf staatlicher Seite mithin deutlich gegenläufige Intentionen und Tendenzen: zum Schutz *für* die deutsche Auswanderung und zum Schutz *gegen* kontinentale Einwanderung. Das hatte viel zu tun mit dem von R. Brubaker beschriebenen deutschen Weg vom nationalkulturellen zum ethnokulturellen und ethnonationalen Selbstverständnis und mit der damit verbundenen Verfestigung der "jus sanguinis"-Tradition. Das Abstammungsprinzip im Staatsangehörigkeitsrecht (jus sanguinis) wurde im Reichs- und Staatsangehörigkeitsgesetz von 1913 kodifiziert, das trotz vieler Zusätze und Änderungen im einzelnen bis heute die einschlägigen Handlungsspielräume definiert und eine großzügige Öffnung zugunsten des Territorialprinzips (jus soli) behindert. Die deutschen Staaten hatten sich im 19. Jahrhundert schon früh auf die allgemeine Gültigkeit des Abstammungsprinzips im Staatsangehörigkeitsrecht festgelegt. Die ethno-nationalistischen Intentionen wuchsen schrittweise und seit dem späten 19. Jahrhundert verstärkt in dieses Prinzip hinein.

Eine direkte, d.h. von der Zugehörigkeit zu einem Bundesstaat unabhängige, 'deutsche' Staatsangehörigkeit freilich gab es auch im Kaiserreich bis 1913 nicht. Das ins Kaiserreich übernommene Staatsangehörigkeitsgesetz des Norddeutschen Bundes von 1869 legte vielmehr fest, daß die Zugehörigkeit zur deutschen Nation nur aus der Zugehörigkeit zu einem deutschen Bundesstaat abzuleiten war, weshalb es eine 'nationale Abstammung' als solche gar nicht gab. Man war z.B. Staatsangehöriger des Königreiches Preußen, des Königreiches Bayern oder des Großherzogtums Baden - und nur aufgrund dieser Bundesstaatsangehörigkeit Angehöriger des deutschen Nationalstaates. Das änderte sich erst mit dem Reichs- und Staatsangehörigkeitsgesetz von 1913.
Das Gesetz kodifizierte das ethnische Abstammungsprinzip und stellte die Prinzipien von Nation und Volk vor diejenigen von Recht und Republik als strenges Gegenbild zum Territorialprinzip mit seinem inneren Bezug zu Volkssouveränität und Menschenrechten und damit zum Demokratieprinzip im republikanischen Sinne. Das Gesetz von 1913 strebte danach, Deutschen im Ausland und deutschstämmigen Auswanderern, Erhalt, Verer-

bung und Wiedererlangung der deutschen Staatsangehörigkeit zu ermöglichen und beschränkte im Gegenzug den Erwerb der deutschen Staatsangehörigkeit für nicht-deutschstämmige Ausländer auf den Ausnahmefall.
Das Reichs- und Staatsangehörigkeitsgesetz von 1913 stammte aus der Epoche des wilhelminischen Hochimperialismus vor dem Ersten Weltkrieg und spiegelte die völkischen und ethno-nationalistischen Vorstellungen seiner Entstehungszeit. Es war auch Ausdruck völkisch-ideologischer Leitvorstellungen zur 'Erhaltung des Deutschtums im Auslande' und der nicht minder ethno-nationalistisch geprägten Bollwerkmentalität gegenüber der befürchteten 'Flut aus dem Osten'. Dahinter stand die durchaus alte Angst vor neuen 'Völkerwanderungen', angetrieben von einem gewaltigen Bevölkerungsdruck aus dem Osten.
Zeitgenössische Erfahrungshintergründe dafür waren zwei Ost-West-Massenbewegungen über die deutschen Ostgrenzen: Das galt einerseits für die millionenstarke Transitwanderung vor allem von Polen und Juden aus dem russischen Imperium über deutsche Häfen in die Vereinigten Staaten, wobei 1880-1914, trotz scharfer 'Durchwanderungskontrollen', ca. 78.000 'Ostjuden' in Deutschland blieben, wo sie immerhin ca. 12% der jüdischen Bevölkerungsgruppe stellten. Es galt andererseits für die jährlich fluktuierende transnationale Arbeitswanderung nach Deutschland über die preußischen Ostgrenzen, aber auch aus Südeuropa, die in den Jahren vor dem Ersten Weltkrieg insgesamt ebenfalls die Millionengrenze überschritt. Dabei stauten sich an den einzelnen östlichen Grenzübergangsstellen, an denen die für die Arbeit in Preußen und in einer Reihe anderer Bundesstaaten unabdingbaren 'Legitimationskarten' zu erhalten waren, im Frühjahr täglich Tausende von Arbeitskräften. Sie kamen unter Leitung von Schleppern, Arbeiterhändlern, ausländischen Kolonnenführern, einheimischen Gutsbeauftragten und Vermittlern der allein mit der 'Legitimation' von 'ausländischen Wanderarbeitern' befaßten halbstaatlichen 'Deutschen Arbeiterzentrale' oder auf eigene Faust an die Grenze. Dort wurden sie nach einer groben Seuchenkontrolle kurzfristig auf eigene Kosten in riesigen Sammellagern untergebracht. Nach einer - nicht selten lohndrückenden - Verhandlungsprozedur wurden sie an deutsche Arbeitgeber oder deren Vertreter weitervermittelt, sofern sie nicht schon vorab einen Vertrag unterzeichnet hatten. Im Zentrum der Schreckensbilder von unerwünschter Einwanderung über die östlichen Grenzen standen vor diesem Hintergrund antisemitische und antipolnische Ressentiments, die sich auch in der Reichstagsdiskussion von 1912/13 um das Reichs- und Staatsangehörigkeitsgesetz immer wieder in den verschiedensten Bedrohungsvisionen ausdrückten.

Aus der Zwitterstellung Deutschlands, als Herkunftsland transatlantischer Auswanderung und als Zielland kontinentaler Arbeitswanderung, ergab sich eine einzigartige Ambivalenz, die in der Weimarer Republik besonders deutlich hervortrat: Als Auswanderungsland stand Deutschland gegen die international zunehmenden protektionistischen Einwanderungsrestriktionen, vor allem im überseeischen Haupteinwanderungsland USA. Als 'Arbeitseinfuhrland' hingegen hatte es selbst eine restriktive Kontingentierung der kontinentalen Zuwanderung zu verteidigen, die in ihren protektionistischen Intentionen durchaus vergleichbar war mit der neuen amerikanischen Einwanderungspolitik.
Im nationalsozialistischen Deutschland ging es im Zusammenhang von 'Deutschtum' und Auswanderung um die nationalsozialistische Beeinflussung des 'Auslanddeutschtums' und um die Animierung deutscher bzw. deutschstämmiger Auswanderer zur Rückkehr 'heim ins Reich'. Im Innern ging es, umgekehrt, um die Nötigung von aus rassistischen, politischen und religiös-weltanschaulichen Gründen Verfolgten und Entrechteten zur Flucht ins Ausland, die oft in definitive Auswanderung mündete. Im Zusammenhang von 'Deutschtum' und Staatsbürgerschaft ging es darüber hinaus um die Erniedrigung und Entrechtung insbesondere von Juden im Vorfeld des Holocausts. Im Bereich der kontinentalen Zuwanderung wiederum folgte auf die Beschäftigung von ausländischen Arbeitswanderern unter dem Fremdenrecht in Kaiserreich, Weimarer Republik und im NS-Deutschland der Vorkriegszeit zur Zeit des Zweiten Weltkriegs die Sklavenarbeit von - im Falle der 'Ostarbeiter' zwangsweise deportierten und völlig rechtlosen - 'Fremdarbeitern'.
Über die Epoche des Nationalsozialismus hinweg setzten sich auf deutscher Seite, in der Beschäftigung mit Problemen der transnationalen Migration, die widersprüchlichen Kontinuitäten fort, die in Kaiserreich und Weimarer Republik zutage getreten waren: Die deutsche Position in der Diskussion um Aus- und Einwanderungsfragen blieb bestimmt durch die ambivalente Spannung von Schutz für die Auswanderung aus Deutschland und Abwehr gegen Einwanderung nach Deutschland.

Die Linie des Auswandererschutzes, in der es in der Weimarer Republik 1924 noch die 'Verordnung gegen Mißstände im Auswanderungswesen' gegeben hatte, wurde in der Bundesrepublik institutionell wiederaufgenommen durch die Einrichtung der 'Bundesstelle für das Auswanderungswesen', die 1950 auch personell an die 'Reichsstelle für das Auswanderungswesen' (1924-1944) anknüpfte und ab 1952 'Bundesamt für Auswanderung' hieß. Legislativ läßt sich die Linie des Auswandererschutzes weiterverfolgen bis zum 1975 verabschiedeten Gesetz zum Schutz der Auswanderer.

Das 'Bundesamt für Auswanderung' ging 1959/60 im 'Bundesverwaltungsamt' auf. Zu dessen zentralen Aufgaben gehören die mit grenzüberschreitenden Wanderungen zusammenhängenden Probleme. Das Amt aber konzentrierte sich dabei nicht auf Einwanderungs- sondern ganz vorwiegend auf Auswanderungsfragen. Ungenutzt und weitgehend auch unbekannt geblieben ist in diesem Zusammenhang ein Passus aus § 2 des Errichtungsgesetzes des Bundesverwaltungsamtes vom 28.12.1959, in dem es lapidar heißt, daß das Amt 'auf dem Gebiet der Einwanderung' die gleichen Aufgaben übernehmen kann wie auf dem Gebiet der Auswanderung. Und das Grundgesetz (Art. 73, Nr. 3) gewährt dem Bund ausdrücklich die Gesetzgebungskompetenz auf dem Gebiet der Einwanderung. Das aber heißt: Die Verfassung setzt die Regelung der Einwanderung als eine dem Zentralstaat zufallende Aufgabe voraus, das Grundgesetz ermöglicht also Einwanderungsgesetzgebung, und der Auftrag an die Verwaltung, in Einwanderungsfragen tätig zu werden, ist schon gesetzlich festgeschrieben. Das Einwanderungsgesetz selbst indes fehlt nach wie vor. Die Bereitschaft, darüber nachzudenken, gewinnt nur langsam an Boden, obgleich dazu keine Grundgesetzänderung nötig ist. Das hat, wie gezeigt, Tradition.

Mit Einwanderungsfragen beschäftigt sich das Bundesverwaltungsamt nur im Zusammenhang der Zuwanderung und Eingliederung von anerkannten Aussiedlern, die nach deutschem Rechtsverständnis allerdings nicht als Einwanderer zu verstehen sind, sondern als deutschstämmige Zuwanderer mit Anspruch auf die deutsche Staatsangehörigkeit und alle damit verbundenen Rechte. Die entsprechenden Rechtsgrundlagen wurden, bei leichten Modifikationen, zuletzt 1993 durch das Kriegsfolgenbereinigungsgesetz bestätigt. Ausgegangen wurde in diesem Kriegsfolgenrecht zunächst von einem über das Ende des Zweiten Weltkriegs hinaus auf Minderheiten deutscher Abstammung lastenden 'Vertreibungsdruck' (seit 1993 'Kriegsfolgeschicksal') in Osteuropa und in jenen fernöstlichen Regionen, in die die meisten Nachfahren deutscher Auswanderer erst im Zuge der Deportationen nach der Zerschlagung der Wolgarepublik kamen. Voraussetzung zur Anerkennung als Aussiedler sind deutsche Abstammung und 'Bekenntnis zum Deutschtum'.

Auch hier gibt es eine klare Kontinuität vom Staatsangehörigkeitsgesetz von 1913 über Art. 116 GG bis zum 'Kriegsfolgenbereinigungsgesetz' von 1993, das den bis dahin geborenen Nachfahren, von zum Teil schon vor Jahrhunderten aus 'Deutschland' nach Osteuropa Ausgewanderten, weiter-

hin eine Art Rückwanderung über Generationen hinweg als Deutsche ermöglicht: die "jus sanguinis"-Tradition des ethnokulturellen und ethnonationalen Selbstverständnisses. Kriegsfolgenrecht und "jus sanguinis"-Tradition kodifizieren damit eine Politik, die in ihrem Kern eine informelle Einwanderungspolitik nach ethnischen Kriterien ist und überdies in den Herkunftsgebieten als eine Art friedlicher deutscher Beitrag zur 'ethnischen Säuberung' (R. Olt) wirkt.
Eine ähnliche Kontinuität wirkt, umgekehrt, weiter in den Abwehrhaltungen gegenüber Einwanderungsgesetzgebung und regulärer Einwanderungspolitik, wozu zweifelsohne eine Wende vom Prinzip des reinen "jus sanguinis" zu einer großzügigen Erweiterung im Sinne des "jus soli" nötig wäre. An der ambivalenten Haltung in Aus- und Einwanderungsfragen hat sich mithin wenig geändert, obgleich sich die Gewichtsverlagerung von Aus- zu Einwanderungsfragen seit dem Zweiten Weltkrieg dramatisch beschleunigt hat.
In Deutschland kann man seit dem Zweiten Weltkrieg drei große Eingliederungsprozesse unterscheiden:

- die Integration der Flüchtlinge und Vertriebenen in West- und Ostdeutschland, die sich im Westen appellativ 'Heimatvertriebene' nannten und über kampfstarke Verbände verfügten, im Osten hingegen mit Rücksicht auf die östlichen Nachbarn schönfärberisch als 'Umsiedler' umschrieben wurden;
- die Mitte der 1950er Jahre in Westdeutschland beginnende Entwicklung von der Ausländeranwerbung über die 'Gastarbeiterfrage' der 1960er und frühen 1970er Jahre zum echten Einwanderungsproblem seit der Jahrzehntwende der 1970er/80er Jahre;
- und schließlich die neue Eingliederungssituation im vereinigten Deutschland der frühen 1990er Jahre.

Im Westen waren viele Vertriebene und Flüchtlinge in ihrer neuen Heimat noch fremd, als dort der deutsch-italienische Vertrag von 1955 schon den Auftakt gab zur amtlich organisierten Anwerbung ausländischer Arbeitskräfte. Damit begann die Vorgeschichte des zweiten großen Eingliederungsprozesses. Der Mauerbau im Osten beschleunigte im Westen den Weg zum Einwanderungsland wider Willen: Die Anwerbung ausländischer Arbeitskräfte wurde nach dem Ende des Zustroms aus der DDR 1961 um so mehr forciert. Für die damit verbundenen sozialen Folgeprobleme oder gar für eine dauerhafte Eingliederung der zugewanderten ausländischen Erwerbsbevölkerung aber gab es in der Bundesrepublik kein umfassendes und langfristig angelegtes Konzept. 'Ausländerpolitik' blieb auf Jahrzehnte hinaus im Kern Arbeitsmarktpolitik, angewendet auf Ausländer, später begleitet von einer prekären Mischung von zögernden Angeboten zu 'sozialer Integration auf Zeit' mit Bemühungen um Erhaltung bzw. Förderung der 'Rückkehrbereitschaft'.

Die 'Gastarbeiterperiode' im Westen endete mit dem 'Anwerbestop' von 1973, der in der Ausländerpolitik als Bumerang wirkte: Er senkte nur kurzfristig die Ausländerzahlen, stoppte aber die transnationale Fluktuation der ausländischen Arbeitswanderer und verstärkte um so mehr die ohnehin wachsende Tendenz zum Daueraufenthalt mit Familiennachzug. Mit der Aufenthaltsdauer aber wuchs die Bleibeabsicht im fließenden Übergang von der Gastarbeiter- zur Einwandererexistenz. Der Aufenthaltsstatus verfestigte sich auf der Zeitachse stets weiter. Aus Arbeitswanderern mit befristeter Aufenthaltsgenehmigung wurden informelle Einwanderer mit rechtlich gesichertem Daueraufenthalt.

Schon Anfang der 1980er Jahre lebte ein Großteil der aus der früheren 'Gastarbeiterbevölkerung' hervorgegangenen ausländischen Minderheit in der Bundesrepublik bei dauerhafter Eingliederung in einer paradoxen Einwanderungssituation ohne Einwanderungsland. Das wurde regierungsamtlich 'dementiert', im politischen Entscheidungsprozeß verdrängt und im Verwaltungshandeln tabuisiert. Konzepte für Einwanderungs- und Eingliederungsfragen blieben, ganz folgerichtig, aus; denn was man tabuisiert, kann man nicht gestalten.

Auch in der DDR gab es, in geringem Umfange, Ausländerbeschäftigung auf der Grundlage zwischenstaatlicher Vereinbarungen. Sie wurde offiziell in der Regel totgeschwiegen oder als Ausbildungswanderung verharmlost. Dennoch waren die 'ausländischen Werktätigen' im Osten - wie die 'Gastarbeiter' im Westen - jedenfalls in den 1980er Jahren zumeist in von deutschen Arbeitskräften am wenigsten geschätzten Beschäftigungsfeldern im unmittelbaren Produktionsbereich unter härtesten Bedingungen tätig, z.B. zu drei Vierteln im Schichtdienst.

Den mit befristeten Arbeitsverträgen ins Land geholten 'ausländischen Werktätigen' gegenüber gab es in der DDR zwar administrativ geleitete, autoritäre 'Betreuung', aber insgesamt weniger soziale Integration als staatlich verordnete Abgrenzung. Sie wurden vielfach in separaten Gemeinschaftsunterkünften einquartiert und damit auch sozial auf Distanz gehalten. In dem durch die verordnete Abgrenzung der Fremden geschaffenen sozialen Vakuum wurzelten latente fremdenfeindliche Spannungen, die nach dem Ende der totalitären Zwangsdisziplinierung offen zutage traten.

In den Prozeß der Vereinigung brachten die einander fremd gewordenen, aus politisch-ideologisch und lebensgeschichtlich vielfach gegensätzlichen Erfahrungswelten stammenden Deutschen mithin, neben vielen anderen ungelösten Fragen, auch in beiden deutschen Staaten unbewältigte Probleme im Umgang mit Fremden ein. Die auf beiden Seiten aufgestauten Spannungen entluden sich in den fremdenfeindlichen Exzessen der frühen 1990er Jahre.

Weltweit bekannte Stichworte des xenophoben Terrors trugen seit 1991 die Namen deutscher Orte, wo sich fremdenfeindliche Gewalttaten ereignet hatten. Sie hießen im Osten z.B. 'Hoyerswerda' (17.-22.9.1991), wo Asylsuchende aus ihren Unterkünften vertrieben und noch beim Abtransport im Bus angegriffen und durch Steinwürfe verletzt wurden. Sie hatten im Osten auch den Namen 'Rostock' (23.-27.8.1992), wo Asylsuchende unter öffentlichem Beifall tagelang in ihren schließlich brennenden Unterkünften belagert und angegriffen wurden. Sie hießen im Westen z.B. 'Hünxe' (3.10.1991), wo zwei Flüchtlingskinder bei einem Brandanschlag schwer verletzt wurden. Und sie hießen im Westen 'Mölln' (23.11.1992) und 'Solingen' (29.5.1993), wo seit langem in Deutschland lebende bzw. hier geborene und aufgewachsene Mitglieder türkischer Familien in ihren Häusern verbrannten oder schwerverletzt die Brandanschläge überlebten. In der Nacht zum 25. März 1994 brannte in Lübeck zum erstenmal seit dem nationalsozialistischen November-Pogrom von 1938 wieder eine Synagoge in Deutschland.

Wie Ende Mai/Anfang Juni 1993 die tagelangen Krawalle im Anschluß an die Solinger Morde am Tatort und in anderen Städten zeigten, formiert sich unter den Adressaten der fremdenfeindlichen Bewegung, besonders unter jugendlichen 'deutschen Türken', Abwehr-, aber auch Angriffsbereitschaft. Die Gefahr ethnosozialer Spannungen wächst. Hinzu kommen aus den Herkunftsländern übergreifende Konfliktpotentiale, wie sie in den Aktionen der Arbeiterpartei Kurdistans (PKK) zum Ausdruck kamen. Sie wurden mit dem Verbot der Partei und zahlreicher anderer kurdischer Organisationen in Deutschland beantwortet.

Das führte zu neuen Problemen, weil justitiable Trennlinien zwischen politischem und ethnokulturellem Engagement bei Minderheitenorganisationen in der Einwanderungssituation oft schwer zu ziehen sind. Unübersehbar wurde dies spätestens bei den blutigen kurdischen Demonstrationen vom März 1994, bei denen es ethnokulturell um die Feiern zum kurdischen Neujahrsfest in Deutschland, politisch aber um den Kampf der PKK und um die Unterdrückung der kurdischen Minderheit in der Türkei ging.

Bei vielen der oft weit ausholenden Deutungen von Fremdenangst und Fremdenfeindlichkeit im vereinigten Deutschland kamen die eigentlichen Kernprobleme oft nur am Rande vor: Einwanderung, Eingliederung, Minderheitenfragen und deren gesellschaftspolitische Gestaltung. Das war um so bemerkenswerter, als eine wichtige Ursache für Fremdenangst und fremdenfeindliche Abwehrhaltungen gerade in der lange anhaltenden politischen Desorientierung der Bevölkerung gegenüber gesellschaftlichen Problemen und Aufgaben im Bereich von Migration, Integration und Minderheiten zu suchen ist.
Die Desorientierung hatte ihren Grund in der defensiven politischen Erkenntnisverweigerung gegenüber der unübersehbaren Tatsache, daß die Bundesrepublik seit mehr als einem Jahrzehnt ein Einwanderungsland neuen Typs geworden ist - nicht im rechtlichen, aber im gesellschaftlichen und kulturellen Sinne. 'Die Bundesrepublik ist kein Einwanderungsland', so lautet dennoch seit vielen Legislaturperioden und bis heute der kleinste gemeinsame Nenner aller einschlägigen regierungsamtlichen Statements. Nach wie vor antwortet Bonn auf Einwanderungsfragen nicht mit Einwanderungsgesetzgebung und Einwanderungspolitik, sondern mit Ausländergesetzgebung und Ausländerpolitik. Das aber ist eine teils nur unzureichende, teils geradewegs falsche Antwort auf eine der dringendsten und gesellschaftspolitisch brisantesten Gegenwartsfragen und Zukunftsaufgaben.

Die in der Bundesrepublik anhaltende Reserve gegen Einwanderungsgesetzgebung und Einwanderungspolitik ist durchaus mit jener Skepsis Bismarcks und führender, vor allem agrarisch-konservativer Kreise im Kaiserreich gegen eine gesetzliche Regelung des Auswanderungswesens im späten 19. Jahrhundert zu vergleichen, die dafür sorgte, daß das erste Reichsgesetz über das Auswanderungswesen 1897 historisch zu spät kam. Das bedeutete für Millionen von deutschen Auswanderern einen mitunter folgenreichen Mangel an Schutz auf dem Weg in die Fremde. Die historische Verspätung der Auswanderungsgesetzgebung war für das Auswanderungsland selbst nicht sonderlich von Belang; denn Millionen deutscher Auswanderer lebten längst in ihren überseeischen Einwanderungsländern, zu 90 Prozent in den Vereinigten Staaten.
"Eine Verspätung von Einwanderungsgesetzgebung aber könnte, von den mit gescheiterten Einwanderungsprozessen verbundenen persönlichen Schicksalen ganz abgesehen, für das Ausnahmeland verheerende soziale Folgen haben", habe ich selbst schon Anfang der 1980er Jahre gewarnt; "denn die 'de-facto-Einwanderer' sind schon da, und sie bleiben als Ein-

wanderer 'Gesetzlose', solange sie ihre Lebensperspektiven nicht an einer solchen Einwanderungsgesetzgebung ausrichten können. Die verbreitete Verwechslung von Einwanderungsgesetzgebung und Einwanderungspolitik mit einer schrankenlosen Befürwortung der Einwanderung beruht auf einem Irrglauben. Wenn es in dieser Hinsicht eine Lehre aus der Geschichte der Aus- und Einwanderungen gibt, dann diese: Einwanderungspolitik ist keineswegs nur Hilfe für Einwanderungswillige. Sie ist auch Steuerungsinstrument und damit Selbsthilfe des Einwanderungslandes." (Vom Auswanderungsland zum Einwanderungsland?, Berlin 1983, S. 122f.)

Solche, auch von anderen Wissenschaftlern, von Kirchen, den Gewerkschaften, der Ausländerbeauftragten und Praktikern der Ausländerarbeit in den frühen 1980er Jahren vorgetragenen Einschätzungen und Warnungen waren politisch folgenlos und prallten von der Dementi-Position wie von einer Gummiwand ab. In Sachen Migration und Integration blieben die ansonsten so ereignisreichen 1980er Jahre für Deutschland deshalb ein verlorenes Jahrzehnt. Dabei wurde das politische und gesellschaftliche Szenario immer gespenstischer: 'Oben' wurde politisch 'dementiert' und für gesellschaftlich nicht existent erklärt, was 'unten' alltäglich erlebbare, zunehmend multikulturelle Wirklichkeit war - die paradoxe Einwanderungssituation ohne Einwanderungsland.

Das Dementi war die Kehrseite politischer Rat- und Konzeptionslosigkeit. Der wachsende Problemdruck hatte deshalb nicht etwa nur mit der Asylhysterie der 1980er und frühen 1990er Jahre zu tun. Er speiste sich aus tieferliegenden, schon älteren Versäumnissen in Einwanderungsfragen, von denen die Asyldebatte als Stellvertreterkrieg nur ablenkte. Die Quittung kam Anfang der 1990er Jahre unter dem Zusatzdruck des Vereinigungsprozesses. 'Unten' wuchs die Angst vor den Fremden und 'oben' die Angst vor den Bürgern als Wähler.

Das Zusammentreffen der Angst von 'unten' mit der Ratlosigkeit von 'oben' trug entscheidend bei zu der politischen Legitimationskrise, vor der über Jahre hinweg vergeblich gewarnt worden war. Sie drohte kurzfristig sogar in eine Krise des parlamentarisch-demokratischen Systems umzuschlagen. Das ließ Bundeskanzler Kohl im Herbst 1992 vom 'Staatsnotstand' sprechen und erinnerte andere, irrtümlich, an die Krisenschaukel von öffentlichem Konflikt, Staatsohnmacht und Abwendung von der parlamentarischen Demokratie in der Weimarer Republik.

Fremdenangst, gewaltbereite Fremdenfeindlichkeit und fremdenfeindliche Gewaltakzeptanz im Vereinigungsprozeß der frühen 1990er Jahre waren nach alledem "nicht etwa nur unvermeidbare Folgen von Zuwanderung und Eingliederung, sondern auch vermeidbare Folgen ihrer mangelnden politischen Gestaltung"; sie waren letztlich "eine aggressive Antwort auf fehlende Konzepte in der Migrationspolitik". So hieß es im November 1993 in dem von 60 Wissenschaftlerinnen und Wissenschaftlern getragenen 'Manifest der 60' zum Thema 'Deutschland und die Einwanderung' (München 1994, S. 13, 20).

Migrationspolitik muß, als Gesellschaftspolitik im weitesten Sinne betrachtet, mit umfassenden und integralen Konzepten betrieben werden; denn Migrationsfragen und die damit verbundenen Eingliederungs- und Minderheitenfragen sind heute längst nicht mehr Randprobleme. Sie sind zentrale gesellschaftspolitische Aufgaben, und werden es aller Voraussicht nach in der Zukunft noch mehr sein.

Migrationspolitik kann nur erfolgreich sein, wenn sie sich auf einen breiten Fundamentalkonsens stützen kann. Sie kann in einer freiheitlichen Demokratie nicht gegen die einheimische Mehrheit durchgesetzt werden, wenn gefährliche Folgen vermieden werden sollen - zu Lasten zugewanderter Minderheiten, aber auch des politischen Systems insgesamt. Deshalb muß dafür regelrecht geworben werden. Es fehlt dabei weniger am Können als am politischen Wollen; denn in der Aussiedlerpolitik wurde das durchaus erfolgreich vorexerziert, wenn auch gelegentlich mit gesellschaftspolitisch kontraproduktiven Spaltformeln wie dem ausländerfeindlich wirkenden Slogan 'Aussiedler sind keine Ausländer'.

Nach hysterischen Diskussionen und fremdenfeindlichen Exzessen gab es 1994 eine Art Atempause im Konflikt um Migrationsfragen. Das hatte zu tun mit dem Ende des verheerenden Kampfes um die Änderung des Grundrechts auf Asyl, mit der Dominanz von Wirtschaftskrise und Massenarbeitslosigkeit als Themen in der öffentlichen Diskussion 1993/94. Es hatte aber auch zu tun mit parteipolitischen Schweigegeboten zu den Themen Einwanderungsgesetzgebung und Migrationspolitik im 'Superwahljahr' 1994. Sie kamen aus der Angst, die Thematisierung der Probleme könnte zu neuer fremdenfeindlicher Eskalation Anlaß geben.

An die Stelle der oft fahrlässig angeheizten Asylhysterie der späten 1980er und frühen 1990er Jahre trat deshalb 1994 weithin der Rückzug von Politik und Medien aus den brisanten Themenfeldern von Migration, Integration und Minderheiten. Es gab eine Wende vom Alarmismus zum Desinteresse. Am Ende stehen nach wie vor die paradoxe Einwanderungssituation ohne Einwanderungsland, offene Fragen an die Zukunft und zögerliche Schritte zu ihrer rechtspolitischen Gestaltung (z.B. 'Kinderstaatszugehörigkeit', 1994), verbunden mit vagen Hoffnungen auf Problemabbau durch Zeitverzug.

Zuwarten in Einwanderungsfragen aber kann, wie immer wieder warnend vorausgesagt wurde und durch die furchtbaren Erfahrungen der frühen 1990er Jahre hinreichend belegt worden sein dürfte, gesellschaftlich riskant sein. Zum Preis der Verdrängung aufgestauter gesellschaftlicher Probleme zählen Angst und Aggressivität, die wiederum mit sicherheitspolitischen Maßnahmen und Drohgebärden beschwichtigt werden - ein Kreislauf von defensiver Erkenntnisverweigerung und verspäteten Ersatzlösungen gegenüber unübersehbaren Aufgaben der Gesellschaftspolitik. Aktive Migrations-, Eingliederungs- und Minderheitenpolitik mit transparenten Konzepten wären statt dessen die besten Beiträge zum Abbau von Fremdenangst und fremdenfeindlichen Projektionen. Probleme kann man nicht verbieten. Gesellschaftspolitik ist durch Sicherheitspolitik nicht zu ersetzen.

Wir brauchen ein Ende des Versteckspiels mit der Wirklichkeit in Sachen Migration, Integration und Minderheiten. Wir brauchen statt Horrorvisionen, sicherheitspolitischen Beschwörungsformeln und demonstrativer Verteidigungsbereitschaft ein positives, pragmatisches Verhältnis zu diesen Gestaltungsbereichen im Innern und nach außen.

Wir brauchen integrale Konzepte für die mit der Eingliederung verbundenen gesellschaftlichen Herausforderungen im Innern, die man als ein abschließendes, jahrzehntelange Versäumnisse ausgleichendes Paket von 'Einwanderungsbereinigungsgesetzgebung' bezeichnen könnte. Das fängt mit der Reform des atavistischen Reichs- und Staatsangehörigkeitsgesetzes von 1913 an. Es reicht über den Einbürgerungsanspruch für die zweite und dritte Ausländergeneration, die großzügige Hinnahme der doppelten Staatsangehörigkeit gegenüber dieser zu lange nur widerwillig akzeptierten Einwandererminorität und ein Antidiskriminierungsgesetz bis hin zu Bemühungen um Chancengleichheit durch ausgleichende Bevorzugung von benachteiligten Minderheiten.

Wir brauchen auf europäischer Ebene abgestimmte Konzepte für Steuerungsaufgaben gegenüber dem Wanderungsdruck von außen - weniger im Sinne defensiver Sicherheitspolitik ('Festung Europa') als im Sinne klarer und möglichst transparent und human zu gestaltender Verkehrsregeln für künftige Einwanderungen nach Deutschland und Europa.

Wir müssen aber auch begreifen, daß Einwanderungsgesetzgebung und Migrationspolitik keine Allheilmittel für gesellschaftliche Probleme sind. Gelegentlich wird die banale Tatsache übersehen, daß auch Einwanderer älter werden. Das gleiche gilt für die schon nicht mehr so triviale Information, daß sich Einwandererbevölkerungen in ihrem generativen Verhalten langfristig demjenigen der Aufnahmegesellschaft anzugleichen pflegen, so daß z.B. die Finanzierung der sozialen Sicherheitssysteme von morgen nicht etwa ohne weiteres an die Nachkommenschaft einer Einwandererbevölkerung delegiert werden kann. Überdies können Einwanderer Hilfe bei der Bewältigung wirtschaftlicher und gesellschaftlicher Probleme ohnehin nur dann leisten, wenn sie vom Ertrag ihrer eigenen Arbeit und nicht von den Sozialhilfeleistungen der Aufnahmegesellschaft leben. Auch deswegen führt langfristig kein Weg vorbei an den gesetzlich verankerten Steuerungssystemen, die man Einwanderungspolitik nennt.

Es geht aber nicht nur um uns und unsere Interessen: Wir müssen zwei große Bereiche im Wanderungsgeschehen unterscheiden, trotz aller Überschneidungen in der vielgestaltigen Wirklichkeit - Flucht und Asyl einerseits, Arbeitswanderung und Einwanderung andererseits. Flucht und Asyl gegenüber geht es im Interesse der Betroffenen um Schutz der Flüchtlinge und um die Bekämpfung der Fluchtursachen in ihren Herkunftsgebieten. Arbeitswanderung und Einwanderung gegenüber geht es um Steuerungsaufgaben im wohlerwogenen Eigeninteresse des Aufnahmelandes. Beide Bereiche sollten in umfassenden Konzeptionen einander zugeordnet, aber nicht gegeneinander aufgerechnet oder gar gegeneinander ausgespielt werden.

Dies unter Berücksichtigung der Interessen der Herkunftsländer tun, heißt die Brücke schlagen zu einer migrationsorientierten Entwicklungspolitik bzw. einer entwicklungsorientierten Migrationspolitik, bei der es ohne 'internationalen Lastenausgleich' (F. Nuscheler) nicht abgehen kann, wenn das globale Desaster gebremst werden soll, das das weltweite Wanderungsgeschehen forciert. Das wäre in der Tat ein Beitrag zu jenem schon zur appellativen Redensart erstarrten 'nachhaltigen Wachstum' (sustainable growth) als Leitvorstellung, nach der ökonomische, ökologische und soziale Interventionen danach streben sollen, eine lebenswerte Welt zu schaffen, deren Überleben nicht auf Kosten künftiger Generationen geht.

Literaturhinweise:

Klaus J. Bade (Hg.), Auswanderer - Wanderarbeiter - Gastarbeiter: Bevölkerung, Arbeitsmarkt und Wanderung in Deutschland seit der Mitte des 19. Jahrhunderts, 2. Bde., 2. Aufl. Ostfildern 1986;
ders. (Hg.), Deutsche im Ausland - Fremde in Deutschland: Migration in Geschichte und Gegenwart, München 1992;
ders., Homo Migrans: Wanderungen aus und nach Deutschland - Erfahrungen und Fragen, Essen 1994;
ders. (Hg.), Das Manifest der 60: Deutschland und die Einwanderung, München 1994;
ders., Ausländer - Aussiedler - Asyl: Eine Bestandsaufnahme, München 1994.

Rogers Brubaker, Citizenship and Nationhood in France and Germany, Harvard UP 1992 (dte. Ausg. u. d. Titel: Staats-Bürger. Deutschland und Frankreich im historischen Vergleich, Hamburg 1994).

Lutz Hoffmann, Das deutsche Volk und seine Feinde. Die völkische Droge, Aktualität und Entstehungsgeschichte, Köln 1994;

Franz Nuscheler, Internationale Migration, Flucht und Asyl, Opladen 1995.

Dieter Oberndörfer, Der Wahn des Nationalen. Die Alternative der offenen Republik, Freiburg i.Br. 1993.

Reinhard Olt, Zwischen Selbstpreisgabe und Hoffnung. Die Lage nationaler Minderheiten in Osteuropa, in: Frankfurter Allgemeine Zeitung, 28.2.1994.

Alexander Steineck, Ökonomische Anforderungen an eine europäische Zuwanderungspolitik, Baden-Baden 1994.

Werner Weidenfeld (Hg.), Das europäische Einwanderungskonzept, Gütersloh 1994.

40 Jahre Ausländerrecht in der Bundesrepublik - Forderungen an die Politik

von: Gert Müller, Rechtsanwalt

Ausländerrecht ist Einwanderungsrecht. Die Bundesrepublik lebt aber mit dem Paradox, daß wir eine Einwanderung haben, die als solche nicht durch ein Gesetz geregelt ist. Die Bundesrepublik ist kein klassisches Einwanderungsland mit dünner Bevölkerung, das Menschen braucht wie etwa der nordamerikanische Kontinent oder Australien. Es ist aber doch ein Einwanderungsland geworden.

Wer ist in den letzten Jahrzehnten eingewandert und wer wandert noch ein?

Erstens: War die Einwanderung nach dem Zweiten Weltkrieg weitgehend durch die Folgen der nationalsozialistischen Politik erzwungen: Es blieben Hunderttausende von sogenannten "displaced persons" in Deutschland, die die Rückkehr in ihr Heimatland, aus dem sie zwangsdeportiert waren, wegen der politischen Verhältnisse dort nicht mehr wagten. Es kamen Millionen von Vetriebenen und später viele Flüchtlinge aus der damals sogenannten sowjetischen Besatzungszone.
Zweitens: Folgte dann später die Gastarbeiteranwerbung. Zunächst handelt es sich dabei darum, ausländische Arbeiter auszubilden oder um den Austausch von Fachleuten. Es wurden entsprechende Verträge mit folgenden Staaten geschlossen: 1950 mit Frankreich, 1952 mit Belgien und Spanien, 1953 mit Schweden und Italien, 1955 mit der Schweiz, 1957 mit Luxemburg, 1958 mit den Niederlanden, 1960 mit Griechenland und Irland und 1961 mit Dänemark. Etwa zur gleichen Zeit wurden mit verschiedenen Staaten Anwerbungsvereinbarungen getroffen. Dabei handelte es sich darum, für die deutsche Industrie Arbeitskräfte zu finden, obwohl in der Bundesrepublik immer noch eine gewisse Arbeitslosigkeit herrschte. In die entsprechenden Länder wurden Anwerbungskommissionen entsandt, die zum Teil schon im Auftrag der späteren Arbeitgeber Arbeitskräfte aussuchten. Es wurden folgende Gastarbeitervereinbarungen getroffen: 1961

mit Griechenland und Spanien, 1962 mit der Türkei, 1965 mit Italien,1966 mit Tunesien, 1969 mit Jugoslawien, 1964 mit Portugal und 1971 mit Marokko. Diese Anwerbevereinbarungen wurden ergänzt durch die Anwerbung von Spezialarbeitskräften, z. B. von Bergarbeitern aus Korea. Alle diese Abkommen fanden mit dem Beschluß der Bundesregierung 1973 über die Anordnung eines Anwerbestops ihr Ende. In diesen Jahren gab es aber schon politische und religiöse Flüchtlinge, die hauptsächlich aus dem Ostblock direkt in die Bundesrepublik kamen oder sich als Gastarbeiter anwerben ließen. Bei den Anwerbevereinbarungen hatte man eigentlich vor, Arbeitskräfte nur für eine gewisse Zeit unter Vertrag zu nehmen. Man dachte noch nicht an die Familien. Die nachziehenden Familienangehörigen brachten dann größere Zahlen von Menschen in die Bundesrepublik. Parallel hierzu verlief die Entwicklung der europäischen Gemeinschaften, die mit den römischen Verträgen von 1956 gegründet wurden. Hier war es vor allen Dingen die Freizügigkeit für Wanderarbeiter, die immer mehr ausgebaut wurde, zunächst durch die EG-Verordnung 1612/68 vom 15. Oktober 1968 und die EG-Richtlinie 68/360 vom gleichen Tage. Eine bedeutende Rolle spielte aber auch die Rechtsprechung des Europäischen Gerichtshofes, der die Rechte und vor allem die Freizügigkeit der Wanderarbeiter immer weiter ausdehnte.

Wichtig ist auch das Assoziationsabkommen der Europäischen Gemeinschaft mit der Türkei aus dem Jahre 1963 und der hierzu ergangene Assoziationsbeschluß Nr. 1/80, der türkischen Arbeitnehmern und ihren engsten Familienangehörigen unter gewissen Voraussetzungen den Aufenthalt in der Bundesrepublik Deutschland gewährt.

Innerhalb Deutschlands wurde die Einwanderung mit Hilfe der Ausländerpolizeiverordnung von 1938 zu regeln versucht. Erst 1965 beschloß der Bundestag ein eigentliches Ausländergesetz. In beiden Fällen handelte es sich aber um reines Polizeirecht. An die Regelung der Einwanderungsproblematik dachte man dabei nicht.

Drittens: Parallel zu dieser Entwicklung verlief wie erwähnt die Einwanderung von Aussiedlern aus den osteuropäischen Gebieten und Umsiedlern aus der damaligen DDR, von Flüchtlingen, die sich auf das Recht auf Asyl nach Art. 16 II Satz 2 GG beriefen sowie auf die Genfer Flüchtlingskonvention von 1951. Diese Menschen stammten zunächst aus den osteuropäischen Staaten. Ihre Zahl war klein. Mit Beginn der siebziger Jahre kamen Flüchtlinge aus dem nahen Osten (vor allem aus dem Libanon und Syrien) hinzu und später noch Flüchtlinge aus der Dritten Welt, aus Afrika, Asien, vor allem Südostasien (z. B. die Vietnam-Boat-People). Als Reaktion auf diese Einwanderung verschärfte sich nun die Verwaltungspraxis,

aber auch die Rechtssprechung. Noch in seiner ersten Entscheidung vom 4. Februar 1959 zum Asylrecht hatte das Bundesverfassungsgericht "eine weite Auslegung des Art. 16 II Satz 2" verlangt, die nicht nur "dem Geist, in dem er konzipiert wurde, sondern auch der Situation, für die er geschaffen war" entsprechen sollte (BVerfGE 9/174). Mit der restriktiver werdenden Praxis des Bundesamtes für die Anerkennung ausländischer Flüchtlinge und der Gerichte ging eine Vergrößerung der Zahl der sogenannten de facto Flüchtlinge einher, von Menschen also, die nicht als Flüchtlinge anerkannt sind, aber doch nicht zurückgeschickt werden können. 1966 hatten die Innenminister des Bundes und der Länder noch beschlossen, Staatsangehörige der Ostblockstaaten nicht abzuschieben und zwar auch dann nicht, wenn sie mit ihrem Asylverfahren keinen Erfolg hatten. Zwanzig Jahre später, Ende der achtziger Jahre, änderte man den Beschluß und hob ihn schließlich auf. Kennzeichnend für diese Entwicklung war, daß die Restriktionen genauso wie beim allgemeinen Ausländerrecht nicht durch Gesetzgebungsakte eingeführt wurden, sondern durch Erlaßregelungen der Verwaltung.
Viertens: Bis etwa 1990 war die Entwicklung dadurch gekennzeichnet, daß die Zahl der Einwanderungen von Jahr zu Jahr zunahm. 1989 kamen mehr als 700.000 Menschen als Umsiedler aus der ehemaligen DDR und als Aussiedler aus den Ostblockländern. Parallel hierzu nahm die Zahl der Asylbewerber trotz aller Restriktionen durch Verwaltungspraxis und sogenannte Beschleunigungsgesetze ständig zu. Erst durch die Änderung des Grundgesetzes und ein restriktiveres Asylverfahrensgesetz kehrte sich der Trend um.
Wie sich die Bemühung der Verwaltung um eine Verringerung der Einwandererzahlen in der Praxis auswirken kann, wird an einigen Beispielen demonstriert:

In Zukunft müssen Probleme des Einwanderungs- und Ausländerrechts, die schon seit Jahren anstehen, einheitlich geregelt werden:

1. Das Staatsangehörigkeitsrecht, aus dem Jahre 1913 muß endlich novelliert werden. Dabei bedarf insbesondere die Regelung der sogenannten Mehrfachstaatsangehörigkeit dringend einer Lösung. Normalerweise ist für die Einbürgerung eine Wartezeit von zehn Jahren vorgesehen, allerdings nicht im Gesetz, sondern in den dazu ergangenen Richtlinien (vgl. 3.2.1. der Richtlinien). Das Ausländergesetz enthält jetzt in den Paragraphen 83 ff. Regelungen über die Einbürgerung von Jugendlichen und von Ausländern, die mehr als fünfzehn Jahre anwesend sind. Man hätte erwar-

ten können, daß diese Vorschriften im Staatsangehörigkeitsgesetz zu finden sind. Immerhin enthalten sie für diese Gruppen einen Anspruch auf die Einbürgerung, allerdings nur, wenn die bisherige Staatsangehörigkeit aufgegeben wird. Man will immer noch doppelte Staatsangehörigkeit vermeiden, obwohl seit Jahrzehnten die Zahl der Doppelstaatsangehörigen durch die Geburt von Kindern aus national gemischten Ehen an der Tagesordnung ist. Der Gesetzgeber hat die doppelte Staatsangehörigkeit in Kauf genommen, seit er 1953 anläßlich der Verwirklichung des Gleichheitsprinzips für Männer und Frauen zugelassen hat, daß nicht nur die Kinder deutscher Männer, sondern auch diejenigen deutscher Frauen durch Geburt die deutsche Staatsangehörigkeit erwerben, unabhängig davon, ob sie zusätzlich vom anderen Elternteil eine zweite Staatsangehörigkeit erwerben.

2. Zu regeln ist das aktive und passive Wahlrecht der in Deutschland ansässigen Ausländer. In der Vergangenheit haben verschiedene Bundesländer eine Regelung wenigstens für das kommunale Wahlrecht bestimmt. Das Bundesverfassungsgericht hat diese Bestimmungen aber aufgehoben. Es ist nicht recht einzusehen, warum die Einwohnerschaft der Bundesrepublik Deutschland sich in solche Personen verteilt, die über die wichtigen Entscheidungen für ihren Wohnort mitbestimmen können und solche, die nichts zu sagen haben.

3. Wir brauchen ein Einwanderungsgesetz, das regelt, wer in die Bundesrepublik einwandern kann und unter welchen Voraussetzungen dies geschehen soll. Es genügt nicht ein Ausländergesetz, das nur den Aufenthalt der Fremden regelt. Dazu gehört aber auch ein Einwanderungsamt, das diese Regelungen generell für die gesamte Bundesrepublik ausführt. In Schwetzingen wohnte vor Jahren eine italienische Familie. Die Richtlinien des Landes Baden-Württemberg zur Ausführung des Ausländergesetzes sahen vor, daß Aufenthaltserlaubnisse nur erteilt werden dürfen, wenn für jedes Familienmitglied eine Wohnfläche von 12 qm vorhanden ist. Die Familie hatte soviel Wohnraum. Aber eines Tages brannte das Haus ab. Die Gemeinde brachte die Leute in ein Notquartier. Der Wiederaufbau des Hauses verzögerte sich. Das Landratsamt weigerte sich die Aufenthaltserlaubnisse zu verlängern, weil nicht genügend Wohnraum in dem Notquartier vorhanden war. Die Italiener hatten gehofft, das Haus, das sie bewohnten, werde wieder aufgebaut und sich nicht intensiv um eine neue Wohnung bemüht, wie es das Landratsamt für richtig hielt. So setzte man ihnen eine Frist zur Ausreise und drohte ihnen die Abschiebung an. Die Verfügung wurde nach 80 der VwGO für sofortvollziehbar erklärt, weil ein solcher Zustand, daß Ausländer in zu kleinen Wohnungen wohnten, im

öffentlichen Interesse sofort beseitigt werden muß. Zwar hob das Verwaltungsgericht Karlsruhe die Anordnung des Sofortvollzuges auf. Die Klienten verloren aber die Nerven und verließen Deutschland Hals über Kopf. Ich habe nichts mehr von ihnen gehört.
Eine ältere Frau aus Sizilien war zu ihren Kindern nach Deutschland gezogen, nach dem ihr Mann gestorben war. Zwei ihrer Söhne erklärten schriftlich, daß sie für ihren Unterhalt in gesunden und kranken Tagen aufkommen wollten und boten die Hinterlegung einer Kaution von 10.000,00 DM an. Sie wohnte bei der Tochter im Landkreis Heidelberg. Die Tochter und der Schwiegersohn hatten sie in die Familie aufgenommen. Das Landratsamt Heidelberg befand, die Garantieerklärungen der Söhne seien nicht ausreichend. Die ältere Frau könnte ja krank werden und die Söhne wären dann vielleicht nicht mehr in der Lage für hohe Krankheitskosten aufzukommen. Sie wurde aufgefordert Deutschland zu verlassen. Der Sofortvollzug wurde angeordnet, weil die Großmutter eine Gefahr für die öffentliche Ordnung darstelle. Die Polizei wurde in Marsch gesetzt, um die Frau abzuholen und abzuschieben. Als die Polizeibeamten in die Wohnung kamen, war die Frau zufällig nicht anwesend. Die Beamten forderten die Tochter auf, zusammen mit der Mutter, zur Polizeistation zu kommen. Das geschah auch, und nun dämmerte einem der Beamten was da von ihm verlangt wurde. Er fragte die Frau, ob sie keinen Anwalt hätte was sie verneinte. Seine Antwort war, sie möge ihren Koffer packen und in zwei Stunden mit dem Koffer wiederkommen und sich in der Zwischenzeit auch noch einen Anwalt suchen. Man ging zur Caritas, die einen Anwalt wußte und das Verwaltungsgericht ordnete die aufschiebende Wirkung des Widerspruches an. Die Verwaltungsbehörde legte dagegen Beschwerde beim Verwaltungsgerichtshof ein, der sie abwies. Im Hauptsacheverfahren erging ein Urteil zu Gunsten der Sizilianerin, das von der Behörde mit der Berufung angefochten wurde. Alle Bemühungen des Vorsitzenden des Senats, zu einem Vergleich zu kommen scheiterten an der Hartnäckigkeit der Verwaltung. Der Senat beschloß, an die sizilianischen Behörden zu schreiben und sich zu erkundigen, welche Rente die Klägerin zu erwarten habe. Bis zum Eingang der Antwort der italienischen Behörden wurde das Verfahren für beruhend erklärt. Es ruht immer noch. Die Frau ist inzwischen ausgereist, weil sie sich in der deutschen Umgebung nicht zurecht finden konnte.
In diesen Fällen gaben die Gerichte nicht ohne Beihilfe des Anwaltes den Klägern das ihnen Gemäße und verwirklichten so Gerechtigkeit.
In einer Art von gespaltenem Bewußtsein entscheiden und handeln Beamte zuweilen völlig unbegreiflich: Ein türkischer Gastarbeiter war mit seinem

Buben nach Deutschland gekommen. Das Kind war von Geburt an blind. Den Ärzten gelang es, durch Operationen das Kind so weit zu bringen, daß es hell und dunkel unterscheiden konnte. Man hoffte, durch weitere Operationen das Kind so weit zu bringen, daß es wenigstens ein bißchen sehen könne. Die Sozialversicherung hatte schon sehr viel Geld für die Behandlung des Kindes aufgewendet. Auf irgendeine Weise wurde dies der Ausländerbehörde bekannt. Man sagte mir dort, daß man der Versicherungsgemeinschaft doch nicht zumuten könne, möglicherweise tausende von Mark für ein ausländisches Kind aufzuwenden. Jedenfalls wurde beschlossen, die Aufenthaltserlaubnis für den Vater nicht zu verlängern, ihn zur Ausreise aufzufordern und ihm die Abschiebung anzudrohen. Das geschah auch. In diesem Stadium des Verfahrens kam der Mann zu mir und im Laufe des Gespräches mit ihm machte er eine Bemerkung, die mich zu der Frage veranlaßte, ob er denn Christ sei, was er bejahte. Daraufhin stellte ich für die Familie einen Asylantrag, weil damals die Gerichte noch positiv über Asylgesuche von Christen aus der Türkei entschieden. Das Asylverfahren hatte Erfolg, aber es dauerte natürlich sehr lange, bis die positive Entscheidung erging. Inzwischen hatte der Vater seine Arbeit verloren, das heißt es wurde ihm ein Arbeitsverbot auferlegt und auch die Wohnung mußte aufgegeben werden, weil der Familie auferlegt wurde, in der zentralen Anlaufstelle zu wohnen. Als die Asylanerkennung ergangen war, beschloß der Mann, nicht mehr in Karlsruhe zu bleiben, wo er so unfreundlich behandelt worden war. Zu meiner größten Überraschung rief mich der Beamte an, der die Sache entschieden hatte und sagte mir, daß er sehr froh sei, daß ich für die Familie Asyl beantragt hätte. Der arme Bub hätte ihm wirklich leid getan.
Ein vierter Fall! Ein Serbe beantragte Asyl. Das Verwaltungsgericht Ansbach stellte fest, daß er keine Vorverfolgungsgründe hätte. Er hatte aber Nachfluchtgründe geltend gemacht, nämlich seinen Beitritt zu einer serbischen Emigrantenorganisation. Das Verwaltungsgericht wies die Klage ab und die Berufung zum Bayerischen Verwaltungsgerichtshof war erfolglos. Es blieb nämlich offen, ob der Kläger auch die politische Überzeugung habe, wegen derer er Verfolgung befürchtete. Das Bundesverwaltungsgericht hatte nämlich in seiner bisherigen Rechtsprechung die Auffassung vertreten, der Asylbewerber müsse die vom Verfolgerstaat angenommene politische Überzeugung auch tatsächlich besitzen. Das sei zweifelhaft, wenn er erst während des Asylverfahrens einer Emigrantenorganisation beigetreten ist. Der erste Senat des Bundesverwaltungsgerichts hob die Entscheidung des Berufungsgerichts auf und wies die Sache zurück. Im Leitsatz heißt es:

"So weit früheren Urteilen des Senats die Auffassung zugrunde liegt, die begründete Furcht vor Verfolgung wegen politischer Überzeugung reiche nicht aus, vielmehr müsse der Asylbewerber die vom Verfolgerstaat angenommene politische Überzeugung tatsächlich besitzen, wird diese Auffassung aufgegeben." (BVerwGE 55/82)
Ich erinnere mich sehr gut an die Verhandlung vor dem ersten Senat des Bundesverwaltungsgerichts. Es wurde intensiv die Frage diskutiert, ob der Flüchtling die politische Gesinnung haben müsse, die der Verfolgerstaat vermutet oder ob es nicht genügt, wenn er verfolgt wird, weil der Verfolgerstaat eine ihm feindliche Gesinnung annehme. Voller Stolz erzählte ich einem älteren Kollegen, daß es mir gelungen sei, das Bundesverwaltungsgericht zur Aufgabe seiner bisherigen Rechtsprechung zu bewegen. Seine Antwort: "Herr Kollege, da haben Sie aber Ihr Erfolgskonto weit überzogen. Das werden Sie nie mehr wieder erreichen". Er hat bis jetzt recht behalten. Seit der Verhandlung im November 1977 habe ich das Bundesverwaltungsgericht nie mehr dazu bringen können seine bisherige Rechtsprechung aufzugeben. Der Fall hatte eine besondere Note. Der Bayerische Verwaltungsgerichtshof versuchte eine vergleichsweise Regelung herbeizuführen und ließ die Sache weitere Jahre hängen. Dreizehn Jahre nach Beginn des Asylverfahrens wurde der Mandant als Asylberechtigter anerkannt. Trotzdem endete der Fall tragisch: Der Mandant war inzwischen zum Trinker geworden. Wenige Tage nach der Zustellung des Anerkennungsbescheides war er auf dem Bahnhof in Frankental in angetrunkenem Zustand vom Bahnsteig vor eine Lokomotive gefallen. "Ein wesentliches Gebot der Justiz ist, daß sie prombt entscheidet. Die Gerechtigkeit warten zu lassen ist Ungerechtigkeit". (La Bruyere). Der Europäische Gerichtshof für Menschenrecht hat mehrmals deutsche Gerichte gerügt, weil sie zu langsam arbeiten. Dieser Fall grenzt an Rechtsbeugung. Die Richter haben richtig geurteilt. Aber sie sind mitschuldig am Tod des Klägers.
Ein Mann aus dem östlichen Anatolien, dem Tur Abdin, macht sich im Dezember 1989 auf den Weg nach Deutschland mit seiner Frau und seinen sieben Kindern. Im Januar 1990 kommt er an und beantragt Asyl. Er trägt vor, daß seine erste Frau ermordet wurde, weil sie Christin war, und daß er in seiner Heimatregion diskriminiert und wegen seiner Religion unter Druck gesetzt wurde. Seine Kinder mußten den muslimischen Religionsunterricht besuchen. All das hat er nicht mehr ausgehalten. Das Bundesamt lehnt seinen Antrag ab, das Verwaltungsgericht Neustadt gibt seiner Klage statt. Der Bundesbeauftragte legt Berufung ein und das Oberverwaltungsgericht in Koblenz gibt ihm Recht. Der Richter in Koblenz weist darauf hin, der Kläger könne doch auf alle Fälle in Deutschland bleiben, weil es

für Christen, die vor dem 01.01.1990 gekommen sind, eine Härteregelung gibt. Der Anwalt soll dort die Klage zurücknehmen. Auf den Hinweis, der Stichtag sei eben ein Stichtag weist der Richter darauf hin, daß das ja keine starre Regelung sei und jedes Gericht eine Ausweisungsverfügung aufhebe. Die Klage ist rechtskräftig abgewiesen, die Stadt Speyer will die Abschiebung der neunköpfigen Familie durchsetzen. Wieder ist eine Klage nötig. Meinem Eilantrag gibt das Verwaltungsgericht in Neustadt statt. Das Oberverwaltungsgericht Koblenz weist ihn ab mit der Begründung, ein Stichtag sei eben ein Stichtag. Der Kläger und seine Familie seien eben ein paar Tage zu spät gekommen. Außerdem gäbe es auch noch eine Fluchtalternative in Istanbul. Die Caritas in Speyer bemüht sich über katholische Stellen in Istanbul für die Familie etwas vorzubereiten falls sie abgeschoben wird. In Istanbul ist aber niemand der helfen kann. Die Situation der Christen im Tur Abdin verschlimmert sich. Es wird ein Folgeantrag gestellt, den das Bundesamt ablehnt. Erneut wird die Sache vor dem Verwaltungsgericht in Neustadt verhandelt und der Klage wird stattgegeben. Wie wird das weitergehen?

Ausländersituation in Stuttgart

von: Gabriele Müller-Trimbusch, Sozialbürgermeisterin Stuttgart

Wichtige statistische Daten und "Kennziffern"

Von den 566.900 Einwohnern der Landeshauptstadt Stuttgart (100%) sind 134.900 Ausländer. Das entspricht einem Anteil von 23,8 Prozent. Darunter sind 10.000 bis 15.000 Flüchtlinge. 1993 betrug der Wanderungssaldo von *Deutschen* ins übrige Bundesgebiet minus 7.123, ins Ausland minus 225 (ins Ausland fortgezogen -816, aus dem Ausland zugezogen 1.041).

Jedes dritte in Stuttgart geborene Kind hat ausländische Eltern. Von 18.300 Kindern in Kindertagesstätten haben 5.620 eine ausländische Staatsangehörigkeit; der Versorgungsgrad der Kinder im Kindergartenalter liegt bei deutschen Kindern bei rund 90 Prozent, bei ausländischen Kindern bei 80 Prozent. Probleme sind hierbei sowohl das Platzangebot innerhalb eines bestimmten Wohngebietes, als auch die zum Teil noch mangelnde Akzeptanz bei ausländischen - vor allem neu hinzugekommenen - Eltern.

Auf dem Wohnungsmarkt sind fast die Hälfte aller registrierten Wohnungsnotfälle ausländische Haushalte (ohne Flüchtlinge). Dies rührt meist von den Familien- und Einkommensverhältnissen und dem "Ausländer-Sein" her. Der Versorgungsgrad bei der Vergabe von Wohnungen durch die Stadt liegt bei Ausländern bei 30 Prozent. Es gilt der Grundsatz der sozialen Dringlichkeit nach einem Punktesystem und nicht nach Staatsangehörigkeit.

Die Arbeitslosenquote in Stuttgart liegt bei 8,8 Prozent oder 38.200 Personen. Bei den Ausländern liegt die Arbeitslosenquote bei 15,5 Prozent oder 14.000 Personen unter der ausländischen Bevölkerung. Wegen Qualifikationsdefiziten sind ausländische Erwerbstätige besonders stark vom "Umbau" der Wirtschaft betroffen.

Sechs Prozent der ausländischen Bevölkerung, also 8.100 Personen, sind älter als 60 Jahre. Im Vergleich: Bei der deutschen Wohnbevölkerung liegt der Anteil der über 60-Jährigen bei 26 Prozent.

Das Leben der Migranten in einer Stadt wird durch mehrere Faktoren beeinflußt:

- Einkommensverhältnisse und Art des Arbeitsplatzes (z.B. mit oder ohne anderssprachigen Kollegen)
- Wohnverhältnisse (ob frei gewählt oder gezwungenermaßen)
- eigene Sprachkenntnisse (häufiger als früher reichen die Kenntnisse für eine umgangssprachliche Unterhaltung)
- Verbundenheit mit Tradition und Religion. Hier kann gesellschaftliche Abstoßung verstärkten Rückzug bewirken.
- Art der Erfahrung als "Fremde" unter "Einheimischen"
- Gefühle oder Erfahrungen von Ausländerfeindlichkeit
- Mehrheiten-Minderheiten-Situation
- Rolle als Mann oder Frau
- Interessen bei der Freizeitgestaltung

Aufgabe der Stadt ist die Beteiligung der ausländischen Bevölkerung an kommunalen Entscheidungsprozessen. Hierzu wurde in Stuttgart zum ersten Mal in Deutschland ein gewählter Ausländerausschuß eingerichtet. Andere Formen der Mitwirkung sind Elternbeiräte oder neuerdings auch islamische Repräsentanten im Jugendhilfe-Ausschuß der Stadt. Für die Förderung einer eigenständigen kulturellen Entfaltung stehen jährlich 200.000 DM zur Verfügung. Im Bereich der Jugendgruppenarbeit sind es weitere 390.000 Mark.
Weitere Aufgabe ist es, den Dialog mit "konfliktbehafteten" Gruppen zu führen, um so Gewalt zu verhindern. Stuttgart hat bundesweit den zweithöchsten Ausländeranteil, steht in der Skala der Gewalttaten jedoch als "Schlußlicht" da. Die integrationspolitische Diskussion muß mit positivem Vorzeichen besetzt und in Gang gehalten werden. Dazu gehören integrationspolitische Vorträge im Rathaus, Veranstaltungsreihen wie der "Herbst der Kulturen", Veröffentlichungen im Amtsblatt der Stadt oder Veranstaltungen zum "Jahr der Toleranz".
Soweit wie möglich gelten die Regeldienste der Daseinsvorsorge auch für alle ausländischen Bürger, Kunden und Klienten. Wo nötig, werden Sonderdienste eingerichtet. Die Regeldienste werden an die Bedürfnisse der ausländischen Bevölkerung angepaßt (nicht umgekehrt). Dies geschieht

durch die Beschäftigung muttersprachlicher Fachkräfte, die Bereitstellung von Dolmetschern, teilweise auch auf ehrenamtlicher Basis, die Förderung der Einstellung ausländischer Beschäftigten in allen Bereichen - und nicht nur bei der "Müllabfuhr" - über entsprechende Vermerke in den Stellenausschreibungen und in der Nachwuchswerbung.

Die Diskussion um ein Zu- und Einwanderungsgesetz

Es muß klar sein, zu welchem Zweck ein solches Gesetz gemacht wird. Wenn es ein Beitrag zur Lösung des Welt-Flüchtlingsproblems sein soll, dann müssen die Kommunen über Bund und Länder finanziell ausgestattet werden. Der Hilferuf kommt in diesem Fall von außen und nicht direkt aus der Gemeinschaft der Gemeinde- und Stadtbürger vor Ort. Wenn ein solches Gesetz jedoch als Mittel zum Ausgleich demographischer Defizite auf dem Arbeitsmarkt sein soll (abgesehen von der EG-Freizügigkeit), dann sollte der Zuzug von Angehörigen zu bereits hier im Integrationsprozess befindlichen ausländischen Bürgern geklärt werden. Zudem müssen rechtliche Ungleichheiten gegenüber EU-Angehörigen bereinigt und massive Anstrengungen in der Bildungspolitik unternommen werden. Benachteiligte Menschen müssen - egal aus welchem Grund diese Benachteiligung existiert und egal, ob mit oder ohne deutschem Paß- die Möglichkeit zur beruflichen Qualifizierung bekommen. Die Doppelstaatsangehörigkeit muß klar geregelt und erlaubt sein. Der Weg einer "Kinderstaatsangehörigkeit" ist falsch.

Die Kommunen sind im Bereich der Zuwanderung auf den Bund angewiesen. Abgesehen von Aufenthalts- und Staatsangehörigkeitsrecht liegt bei weiteren wichtigen Aufgaben, wie Schule, Wohnen und Kultur, die Kompetenz bei den Ländern. Bei der Flüchtlingspolitik müssen die rechtlichen Grundlagen für die Planung des Aufenthaltes geschaffen werden. Dies ist wichtig für die Flüchtlinge wie für die helfenden Institutionen, um nicht wie bisher mit x-maligen Verlängerungen und Monatsfristen arbeiten zu müssen.

Bei der finanziellen Ausstattung muß die Herausforderung der Migration, die sich ja "vor Ort" bei den Kommunen direkt abspielt, entsprechend beobachtet werden. Die bürgerschaftliche Kompetenz mit Ideen, sozialem Engagement und unmittelbarer Hilfe sowie das politische und verwaltungstechnische Know How für diese Herausforderung ist im alltäglichen Leben "vor Ort" miteinander gewachsen - zumindest hier in Stuttgart. Unsere Stadt hat sich hier auch durch einen intensiven europäischen Erfahrungsaustausch kundig gemacht. Fast strangulierend wirkt sich die Entwicklung der kommunalen Haushalte auf diese Herausforderung aus, insbesondere im Hinblick auf die Ausgaben für Flüchtlinge.

Aus Ausländern werden Inländer - was wollen die neuen Inländer?

von: Cem Özdemir, Mitglied des Deutschen Bundestages, Bündnis 90 / Die Grünen

Der einmillionste Einwanderer erhielt, als er in Deutschland ankam, zur Begrüßung einen Blumenstrauß und ein Moped. Als ich als "erstes Gastarbeiterkind" im Bundestag zur konstituierenden Sitzung nach Berlin kam, erhielt ich ebenfalls einen Blumenstrauß und - als Zeichen zeitgemäßer Mobilität - ein Fahrrad. Der Zeitraum zwischen diesen beiden Ereignissen ist nicht zuletzt gekennzeichnet durch einen Prozeß, den ich - obwohl beileibe noch nicht abgeschlossen - als die Herausbildung einer zivilen multikulturellen Gesellschaft in Deutschland bezeichnen würde und der dieses Land vermutlich stärker verändert hat als je eine Epoche zuvor.
In den späten 50er und frühen 60er Jahren, als die Anwerbeabkommen zwischen der Bundesrepublik Deutschland und verschiedenen Anwerbeländern geschlossen wurden, schienen die Vertragsbedingungen für alle Beteiligten klar zu sein: Die junge Republik brauchte Arbeitskräfte für ihre boomende Industrie, und die Arbeitsmigrantinnen und -migranten hatten in erster Linie ein Interesse daran, den ökonomischen Nöten ihrer Herkunftsländer zu entfliehen und ein paar Jahre kräftig zu verdienen, um sich dann eine eigenständige Existenz in ihrer Heimat aufzubauen. Über viele Jahre hinweg bestand für Integration aus der Sicht der Arbeitsmigrantinnen und Arbeitsmigranten daher keine Notwendigkeit. Sie bemühten sich allerdings, möglichst nicht aufzufallen und keinen Ärger zu verursachen. Nachdem aus der kurzen Stippvisite dann oft doch ein "etwas" längerer Aufenthalt wurde, der oft noch bei den Verwandten im Herkunftsland lebende Nachwuchs nachgeholt worden war und zudem noch die ersten Kinder in Deutschland geboren wurden, änderte sich im Bewußtsein zunächst ebenfalls wenig: Die Älteren versuchten den Jüngeren die Maxime der sozialen Unauffälligkeit als wichtigste Lebensregel mitzugeben und achteten darauf, daß die Berufsausbildung der Kinder dem Kriterium der Verwertbarkeit im Herkunftsland entsprach. Auch aus bundesdeutscher Perspektive blieb vorerst alles beim alten: Aktive Integrations-

bemühungen waren die Ausnahme, Ausländerarbeit wurde in erster Linie als Sozialfürsorge von den Wohlfahrtsverbänden betrieben, während ansonsten versucht wurde, durch eine restriktive und für die Betroffenen oft demütigende Ausländergesetzgebung eine möglichst strikte Trennungslinie zwischen der deutschen und nichtdeutschen Bevölkerung zu ziehen. Allenfalls in den Gewerkschaften gab es ansatzweise einen - allerdings auf das Arbeitsleben beschränkten - Integrationsprozeß.

Die wechselseitigen Selbstverständlichkeiten änderten sich im Verlauf der 70er Jahre, als die "Neuen Sozialen Bewegungen" wie die Frauen-, Friedens-, Ökologie- und Internationalismusbewegung begannen, das gesellschaftliche Leben in der Bundesrepublik kräftig durcheinanderzuwirbeln. Es gab zunehmende Kritik an der institutionalisierten Ausländerarbeit bei den Wohlfahrtsverbänden, die als unpolitisch und damit die Benachteiligung von Nichtdeutschen stabilisierend angesehen wurden. Gleichzeitig - und ermutigt von der Aufmüpfigkeit der deutschen Jugendlichen - wuchs eine Generation von Nichtdeutschen heran, die zwar größtenteils noch in den Herkunftsländern ihrer Eltern geboren worden war, aber gleichzeitig begann, sich vermehrt und kritisch mit ihrer Situation als Einwanderinnen und Einwanderer in Deutschland auseinanderzusetzen. Hinzu kam, daß die Zahl dieser Jugendlichen nach dem Anwerbestop von 1973 durch einen - teilweise durch Angst vor bundesdeutscher Abschottung, teilweise durch Einsicht in einen verfestigten Aufenthalt begründeten - vermehrten Familiennachzug stark zunahm.

Aus dieser Situation entwickelten sich meist Ende der 70er Jahre bundesweit eine Vielzahl von interkulturellen Vereinen, in denen mit enormem Elan und mit großem ehrenamtlichem Einsatz versucht wurde, auf die gesellschaftliche Wahrnehmung der Menschen nichtdeutscher Herkunft Einfluß zu nehmen und gleichzeitig deren Emanzipation zu fördern. Die individuelle Bedeutung dieser Vereine für eine Vielzahl von nichtdeutschen Jugendlichen kann vermutlich kaum überschätzt werden. Trotz aller Klischees, die bei einem Teil der deutschen "Ausländerfreunde" über uns bestanden und uns in erster Linie als Opfer von Rassismus und Imperialismus wahrnahmen, trotz - aus heutiger Sicht - verquerer Weltverschwörungstheorien und lebensfremdem Revolutionseifer, die einen Teil der deutschen wie nichtdeutschen Aktiven erfaßt hatte, kann die Arbeit, die in diesen Initiativen geleistet wurde, nicht hoch genug eingeschätzt werden. Ob es um Sprachkurse ging, um Frauenemanzipation, um die Formulierung politischer Forderungen oder auch nur um Begegnung und das Feiern von Festen: Hier fand ein großer Teil der nichtdeutschen jungen Generation erstmals Eingang in die bundesdeutsche Gesellschaft, hier erschlossen sich ihnen Möglichkeiten der persönlichen Entfaltung, schlossen sie nationalitätenübergreifende Freundschaften, hatten sie eine Plattform für ihre Interessen und waren als Person gefragt. Hier fand auch in weiten Bereichen eine - für die Integration in die bundesdeutsche Gesellschaft unerläßliche - Auseinandersetzung mit den Wertvorstellungen der Älteren statt, die häufig ein Idealbild der Situation ihres Herkunftslandes aus der Zeit vor ihrer Migration konserviert hatten - eine Wahrnehmungsproblematik, die sie zu Fremden in beiden Ländern zu machen drohte. Was die Generation der heute 35- bis 45jährigen für uns jüngere Nichtdeutsche an Liberalisierung erreicht hat, ist durchaus vergleichbar mit der Leistung, die die 68er Generation insgesamt für die bundesdeutsche Gesellschaft erbracht hat.

Die TrägerInnen der "Neuen Sozialen Bewegungen" wurden in den 80er Jahren zunehmend vom Berufs- und Familienleben absorbiert, und die Gesellschaft bewegte sich weiter in Richtung Individualisierung und Liberalisierung, von der klimatisch auch die Nichtdeutschen ein Stück weit profitierten - nicht zuletzt innerhalb der Familien: So beobachtete ich fasziniert, wie der deutsche Freund der jüngeren Tochter einer Familie praktisch vom ersten Tag als Familienmitglied akzeptiert wurde, während die ältere Tochter wenige Jahre zuvor in einer vergleichbaren Lage noch ganz erheblich Probleme gehabt hatte. Hinzu kam: Der befürchtete gesellschaftliche Roll Back der Kohl-Regierung - polemisch unter dem Slogan “zurück in die 50er Jahre” zusammengefaßt - blieb aus oder zumindest in Ansätzen stecken (wenn er denn von einer Mehrheit je ernstgemeint war).

Die alte Bundesrepublik erscheint im Rückblick vielen als ein scheinbar idyllischer Ort, der beständigen sozialen und ökonomischen Fortschritt versprach. Dennoch denke ich, daß in den 70er und 80er Jahren viel versäumt wurde, was die Integration der Nichtdeutschen erheblich erleichtert hätte: In den 70er Jahren waren sehr viele EinwanderInnen im sozialdemokratischen Umfeld aktiv oder gar SPD-Mitglieder geworden. Die Sozialdemokratie hat es damals nicht verstanden, dieses Kapital zu nutzen, sondern hat es weitgehend verspielt. Anders als beispielsweise in den Niederlanden, wo Mitte der 70er Jahre in einem breiten Konsens unter Einschluß der Christdemokraten das kommunale Ausländerwahlrecht eingeführt wurde. In Deutschland waren es dagegen der frühere Bundeskanzler Schmidt und der damalige nordrhein-westfälische Ministerpräsident Kühn, die beispielsweise die Anwesenheit von türkischen Staatsangehörigen in Deutschland zum kulturellen Problem erklärten.

In den 80er Jahren fand bei den Zugewanderten - speziell unter dem Einfluß der hier aufgewachsenen und geborenen jüngeren Generation - ein dramatischer Bewußtseinswandel statt. Die meisten Nichtdeutschen der zweiten wie auch der ersten Generation sind sich mittlerweile bewußt, daß sie sich in Deutschland dauerhaft niedergelassen haben. Aus "Ausländerinnen" und "Ausländern" sind inzwischen "Inländerinnen" und "Inländer" geworden. Die Zuwachsraten bei den Einbürgerungen sind dann auch beachtlich, obwohl die absoluten Zahlen noch keineswegs überwältigend sind. Das hängt unter anderem damit zusammen, daß es die bundesdeutsche Gesellschaft versäumt hat, rechtzeitig und angemessen Brücken wie eine erleichterte Einbürgerung unter Mitnahme von Mehrstaatigkeit zu bauen.

Nichtsdestotrotz haben sich, als am 9. November 1989 der eiserne Vorhang fiel, die Nichtdeutschen im Land mitgefreut. Der Schock kam erst, als nach dem demokratischen Ruf "Wir sind das Volk" zuerst "Wir sind ein Volk" und dann der immer nationalistischere Ruf "Wir sind das Volk" wurde und die Einwanderinnen und Einwanderer feststellen mußten, daß sie damit nicht gemeint waren. Als dann noch vielerorts pogromartige Ausschreitungen gegen Asylsuchende und Eingewanderte aufflackerten, schwand bei vielen von ihnen vollends das Vertrauen. Auch besonnene Menschen aus meinem Bekanntenkreis stellten ernsthafte Überlegungen an, ob sie sich nicht bewaffnen sollten. In dieser Situation stellten die oft als rein symbolisch belächelten Lichterketten, die vielen kleinen Zeichen der Solidarität im Alltag zwischen Deutschen und Nichtdeutschen für viele EinwanderInnen das Vertrauen in eine zivile Gesellschaft wenigstens ein Stück weit wieder her. Auch die interkulturellen Vereine bewiesen nach Rostock, Mölln und Solingen, daß sie noch immer in der Lage waren, eine große Zahl von Menschen zu mobilisieren. Aus der historischen Einsicht, daß immer diejenigen Gruppen in der Bevölkerung bevorzugte Opfer von Gewalt sind, die ohnehin schon gesellschaftlich diskriminiert sind, wuchs auch bei bisher zögerlichen Politikerinnen und Politikern die Einsicht, daß die bisherigen Integrationsbemühungen ungenügend waren und zumindest auf gesetzgeberischer Ebene reformbedürftig sind. Wenn diesen Ankündigungen auch nur sehr dürftige Taten folgten - und das neue Asylrecht kaum einer verfassungsrechtlichen Prüfung standhalten dürfte - so ist zumindest als mittelbarer Effekt beobachtbar, daß bei einer Abstimmung ohne Fraktionszwang - in Widerspiegelung gesellschaftlicher Entwicklungen - heute im Bundestag eine klare Mehrheit zugunsten weitreichender Reformen vorhanden wäre. Ich kann im Hinblick auf die Stimmung unter den Nichtdeutschen nur hoffen, daß sich trotz Koalitionsdisziplin in dieser Wahlperiode noch etwas bewegt. Denn das Gefühl der Benachteiligung, insbesondere bei Nicht-EU-Bürgern, die nach dem gegenwärtigen Stand weder auf ein kommunales Wahlrecht hoffen können, noch auf einen visumfreien Reiseverkehr in Europa, nimmt angesichts der europäischen Einigung wieder zu. Trotz aller damit verbundenen Fortschritte läßt sich kaum bestreiten, daß die Individualisierung unserer Gesellschaft auch eine ganze Reihe von Nachteilen mit sich bringt.

Es gibt zwar - gerade auch für Nichtdeutsche der zweiten Generation - eine bisher unbekannte Vielfalt von Möglichkeiten der individuellen Entfaltung, was sich beispielsweise in einer zunehmenden Zahl von nichtdeutschen Studierenden (derzeit z.B. ca. 15000 türkischer Herkunft) und Selbständigen ausdrückt. Andererseits driften die Lebenswelten auch bei den Nichtdeutschen immer weiter auseinander: Während immer mehr von ihnen mit dieser Gesellschaft zunehmend gut zurecht kommen und immer besser integriert sind, gibt es andererseits eine Gruppe von Menschen, die sich alleingelassen fühlten und in nationalistische und islamistische Fahrwasser abzudriften drohten. Dabei macht sich - angesichts einer durchaus fragwürdigen Sozialpolitik der öffentlichen Haushalte - der Mangel an professioneller Sozialarbeit ebenso schmerzlich bemerkbar wie die schwindende Bereitschaft zu ehrenamtlichem Engagement. Hier ist dringend ein Kurswechsel der gegenwärtig äußerst kurzsichtigen Politik erforderlich. Professionelle soziale Arbeit muß endlich einen höheren gesellschaftlichen Stellenwert erhalten, ehrenamtliches Engagement aller Altersgruppen erleichtert und mit gezielten Anreizen gefördert werden. Diese Arbeit könnte durchaus in den vorhandenen interkulturellen Vereinen angesiedelt werden. Ich kenne jedenfalls keine anderen Institutionen, die in derart hervorragender Weise dafür prädestiniert wären, sich beispielsweise der zunehmenden Zahl von nichtdeutschen Ruheständlern anzunehmen. Aus dieser Arbeit könnten die notwendigen Impulse dafür kommen, daß sich die bundesdeutsche Gesellschaft endlich aktiv für diese Menschen, die weit mehr noch als die Jüngeren ausschließlich als Arbeitskräfte wahrgenommen wurden, öffnet und ihnen die Angebote für Integration - aber auch für Betreuung und Pflege - macht, die ihnen nach einem langen Arbeitsleben zustehen.

Ich bin angetreten, ein Stück gesellschaftliche Normalität in den Deutschen Bundestag zu bringen, und innerhalb des Parlaments fühle ich mich als Person nicht nur in der eigenen Fraktion sehr gut angenommen. Außerhalb des Hohen Hauses ist das allerdings nicht ganz so selbstverständlich. Als ich im Fernsehen erstmals als gewählter Schriftführer - eine Art Assistenz für die Bundestagspräsidentin - neben Antje Vollmer und hinter Kohl zu sehen war, gingen in meinem Büro eine ganze Reihe böser rassi-

stischer Anrufe ein (Stellungnahmen, die uns aus Zuschriften allerdings hinreichend bekannt sind).
Die eigentliche parlamentarische Arbeit im Plenum und im Innen- und Petitionsausschuß, die einen Großteil meiner Zeit in Anspruch nimmt und deren geschriebene und ungeschriebene Regeln ich intensiv büffele, ist in dieser Wahlperiode aufgrund der knappen Mehrheitsverhältnisse spannend wie selten zuvor. Auch wenn die Regierung um jeden Preis durchhalten will und dieser Kurs durch die Fraktionsführungen gnadenlos durchgepaukt wird, rechne ich damit, daß wir bis zum Ende der Wahlperiode auch in einigen Bereichen, die in meinen Zuständigkeitsbereich fallen, deutliche Fortschritte erreichen werden. Meine ersten Reden im Bundestag, die ich zu den Themen Einwanderung, Menschenrechte, Asyl und Doppelstaatsbürgerschaft gehalten habe, stießen fraktionsübergreifend auf eine positive Resonanz, der hoffentlich irgendwann konkrete Taten folgen werden.
Auf Dauer, davon bin ich überzeugt, kann an gesellschaftlichen Mehrheiten, die sich - ohne Fraktionszwang - häufig auch im Parlament widerspiegeln würden, nicht vorbeiregiert werden. Das schwarz-grüne Koalitionsgeplänkel ist hierfür nur ein Symptom: Es bietet zwar sicher keine absehbare Perspektive auf Bundesebene, aber es macht eines deutlich: Auch innerhalb des Regierungslagers finden Erosions- und Differenzierungsprozesse statt, die wir nach Kräften fördern werden.
Die Bringschuld liegt natürlich nicht nur auf der deutschen Seite. Es geht nicht nur um das Aufbrechen einer rückwärtsgewandten Sperrminorität im Land, die in einer kulturellen Vielfalt gleich die eigene Identität davonschwinden sieht. Vielmehr muß es künftig darum gehen, diese "konservativen" Bedürfnisse insofern anzuerkennen, als in dieser Gesellschaft ein Wertekonsens erarbeitet werden muß, der das Gefühl der Zugehörigkeit stärkt. Dafür gibt es in allen Kulturen und Religionen Anknüpfungspunkte, wenn sie nur erkannt und aufgegriffen werden.
Folgende Aussagen zweier Philosophen unterschiedlicher Herkunft stehen für mich beispielhaft für die Chancen einer offenen multikulturellen Gesellschaft.
Das erste Zitat stammt von Hazreti Ali, einem der engsten Weggefährten des Propheten Mohammed:
"Wenn jemand das Bedürfnis hat zu loben, dann für die Vernunft, für das Wissen, für ein freundliches Wesen, für ein gutes Herz. Dummheit! Der Dumme zeigt sich darin, daß er mit seiner Abstammung prahlt."
Und der westliche Philosoph Alexis de Toqueville erklärte: "Die Demokratie aufhalten wollen, hieße gegen Gott selbst kämpfen."

Einmalig in Europa - Das Ausländerprogramm der ARD

von: Friedrich Gmeiner, Leiter der Ausländerprogramme des Bayerischen Rundfunks

Gut vier Monate ist es jetzt her, es war Anfang November des letzten Jahres, da konnte das Ausländerprogramm der ARD auf sein 30jähriges Bestehen zurückblicken. Dieses gemeinschaftliche Hörfunkprogramm für in der Bundesrepublik lebende und arbeitende Ausländer wird vom Bayerischen und Westdeutschen Rundfunk produziert und von den meisten Landesrundfunkanstalten übernommen. Wie Sie sicher wissen, sind täglich zwischen 19.00 und 22.20 auf bestimmten Frequenzen Sendungen in Italienisch, Türkisch, Griechisch, Spanisch sowie Kroatisch und Serbisch zu hören.

In Europa gelten die Sendungen bis heute als konkurrenzlos. Denn es gibt auf dem ganzen Kontinent kein Land, das nationalen Minderheiten in seinem Staatsgebiet auch nur annähernd ein quantitativ ähnliches Angebot macht wie die ARD. Die Notwendigkeit, Hörfunkprogramme für ausländische Mitbürger aufzubauen, ergab sich aus der aktuellen Situation zu Beginn der sechziger Jahre. Der Bedarf an Arbeitskräften in der schnell wachsenden Wirtschaft der Bundesrepublik konnte damals nicht mehr befriedigt werden. Schon 1955 hatte die Bundesrepublik in Italien und 1960 in Griechenland sowie in Spanien nach vertraglichen Vereinbarungen Anwerbestellen eingerichtet.

Der Engpaß auf dem Arbeitsmarkt verschärfte sich noch, als im August 1961 die damalige DDR durch Errichtung von Grenzsperren die Abwanderung in den Westen stoppte. Als Konsequenz wurde die Anwerbung ausländischer Arbeiter forciert. Dadurch erreichte die Zahl der sogenannten "Gastarbeiter" 1961 schon fast eine halbe Million.

1964 war es fast eine Million. Eine derart starke Gruppe mußte mit wichtigen Informationen für ihr Leben in der deutschen Gesellschaft ausreichend versorgt werden. Das konnte durch kein anderes Medium schneller, kontinuierlicher und direkter erreicht werden als über den Rundfunk, das Medium der Sprache. Deshalb beschlossen die Landesrundfunkanstalten der ARD im Sommer 1964 die Schaffung und gemeinsame Finanzierung eines täglichen Hörfunkprogramms für in der Bundesrepublik lebende und arbeitende Ausländer. Am 1. November 1964 ging dieses für deutsche Anstalten völlig neuartige Experiment dann erstmals über den Äther. Zunächst in den vier Sprachen Italienisch, Spanisch, Griechisch und Türkisch. Im Mai 1970 kam dann noch eine Sendung in Serbo-Kroatisch dazu.

Der Bayerische Rundfunk produziert Programme in Italienisch, Griechisch und Spanisch. Was *waren* und was *sind* deren Motive?

In den 60er Jahren waren die Sendungen auf die Bedürfnisse männlicher Gastarbeiter mit einer zeitlich begrenzten Aufenthaltsperspektive abgestellt, wollten sie dem der deutschen Sprache nicht mächtigen Ausländer bei der Orientierung in einer fremden Arbeitswelt helfen. Heute, da der Hörerkreis viel differenzierter geworden ist, sprechen die Sendungen die ganze Familie an, von den Kindern im Schul- und Berufsschulalter bis hin zu den Eltern, die oft schon in Rente sind.

Mit anderen Worten: Aus den einstigen "Gastarbeitersendungen" ist ein Familienprogramm für nationale Minderheiten geworden. Deshalb stehen heute neben wichtigen Informationen für das Leben in der Gesellschaft der Bundesrepublik Beratung und Aufklärung über Familienprobleme sowie Schul- und Ausbildungsfragen der zweiten und dritten Generation im Vordergrund, geht es um die sozialen und kulturellen Aspekte der Integration. Darüber hinaus sind die Sendungen eine ständige "akustische Nabelschnur" zur Heimat, eine Verbindung zu den kulturellen Wurzeln.

Aber damit nicht genug: Es wird auch versucht, der Situation der hier geborenen Kinder gerecht zu werden, eine Brücke innerhalb der Generationen zu bauen. Denn die Söhne und Töchter der einstigen "Gastarbeiter" kennen das Herkunftsland der Eltern oft nur aus dem Urlaub. Das besondere Augenmerk gilt den beruflichen Chancen junger Ausländer. Deshalb haben die Lehrstellensituation und die Wege einer beruflichen Qualifikation in den Sendungen einen besonderen Stellenwert.

Darüber hinaus findet in den Programmen vor allem auch der europäische Gedanke seinen Ausdruck. Auf dem Weg zu einem vereinten Europa sind sie so ein wichtiger Integrationsfaktor. Sie überwinden nationale Grenzen, fördern das gegenseitige Kennenlernen in Europa und pflegen europäische Gemeinsamkeit ohne dabei kulturelle und sprachliche Eigenheiten einzuebnen.

Wie ist es um die Akzeptanz der Programme bestellt? Um es kurz zu sagen: Nach wie vor ist das Interesse groß, wenn täglich in den Abendstunden aus den Lautsprechern heimatliche Musik erklingt und die vertraute Sprache von Landsleuten zu hören ist. Nicht uninteressant: Auch Tausende

von Deutschen zählen inzwischen zum Hörerstamm des vom Bayerischen Rundfunk produzierten Programms.
Das Gegenstück zu diesem Phänomen ist die Integration vor allem der zweiten und dritten Generation der Ausländer im Bereich der Mediennutzung, die weiter fortgeschritten ist als bisher angenommen.
Nicht wenige, vor allem junge Ausländer, schalten täglich ein deutsches Radioprogramm ein und hören regelmäßig Nachrichten oder nutzen das Musikangebot deutschsprachiger Sendungen, weil sie gut oder oft sogar perfekt deutsch sprechen, wie wir auf diesem Radioforum hören konnten. Trotz dieser Tatsache sind die muttersprachlichen Programme der ARD nach wie vor aktuell.
Denn sie bieten, was der ausländische Hörer sonst in deutschen Radioprogrammen nicht findet: Seine Sprache, spezielle Orientierungshilfen für sein Leben in Deutschland, umfassende Informationen über die Entwicklung in der Heimat. Im übrigen wird die sprachliche Ausdrucks- und Verständnisfähigkeit auch der schon lange in der Bundesrepublik lebenden Ausländer in der Regel erheblich überschätzt. Die Gastarbeiter der ersten Stunde lernten nämlich meist nur wenig Deutsch. Jetzt gehen viele in Rente und bleiben hier. Denn der Wunsch nach Rückkehr ist Illusion. Und selbst wenn sie relativ gut integriert sind, ist das Deutsch dieser Gruppen in der Regel nicht so, daß sie auf wichtige Informationen in ihrer Muttersprache verzichten können.
Auch für die meisten der hier lebenden Kinder von Ausländern werden die Muttersprache und die kulturelle Heimat der Eltern auf Generationen noch eine große Bedeutung haben. Der besondere Beitrag des ARD-Ausländerprogrammes besteht deshalb gerade darin, die sprachliche und kulturelle Identität ausländischer Gruppen bewahren zu helfen. Die Sendungen wollen diese Menschen nicht entwurzeln. Sie sollen sich ein starkes Heimatgefühl bewahren. Nur so gelingt eine Integration, bei der sie sich auch als deutsche Bürger fühlen können, ohne die Zugehörigkeit und die Sprachbindung zu ihrem Ursprungsland zu verlieren.
Und noch etwas ist wichtig, nämlich die Fluktuation unserer ausländischen Mitbürger. Allein zwischen 1989 und 1992 sind z.B. rund 150.000 Italiener, gut 110.000 Griechen und immerhin noch etwa 30.000 Spanier ins Bundesgebiet *neu* zugezogen.
Wenn man sich die starken Wanderungen zwischen Deutschland und ehemaligen Anwerbestaaten sowie den hohen Ausländeranteil in Ballungsgebieten wie München, Stuttgart, Frankfurt und Berlin vor Augen hält, kann man den Nutzen des ARD-Ausländerprogramms für die integrationspolitischen Bemühungen der Kommunen und Landkreise, der Bundeslän-

der und der Bundesregierung gar nicht hoch genug ansetzen. Die meisten der *neu* zu uns kommenden Ausländer verfügen nämlich über keine oder nur geringe Deutschkenntnisse.
Man kann die Lage dieser Menschen mit der der Gastarbeiter vor 30 Jahren vergleichen. Für die Redaktionen des Ausländerprogramms stellt sich deshalb wie schon Anfang der 60er Jahre die Aufgabe, diesen, der deutschen Sprache nicht mächtigen Mitbürgern, Grundinformationen für ihre Existenz in der Bundesrepublik, vor allem das Arbeitsleben, ihre Pflichten und Rechte zu vermitteln.
Gestatten Sie mir noch ein paar Bemerkungen zu den Menschen, die das Programm gestaltet haben und weiterhin gestalten. Zu jeder Sendung gehören die "Programmacher" und die Hörer. Besonders im Falle des Ausländerprogramms gehören "Macher" und Hörer eng zusammen. Den Verantwortlichen im Bayerischen Rundfunk war es vom ersten Augenblick an eine Selbstverständlichkeit, daß Sendungen für Ausländer nur erfolgreich ihre Zielgruppe erreichen können, wenn sie von Ausländern selbst für ihre Landsleute gestaltet werden, und zwar nach den gleichen rundfunkgesetzlichen Grundsätzen, die sonst für das deutsche Programm gelten.
Die Abteilung für Ausländerprogramme, die das tägliche Zwei-Stunden-Programm in Zusammenarbeit mit anderen ARD-Sendern in italienischer, griechischer, und spanischer Sprache herstellt, erhielt deshalb eine Organisationsform, die im gesamten Bayerischen Rundfunk kein Pendant hat. Sie gliedert sich in drei Redaktionen für Italienisch, Griechisch und Spanisch. Heute gruppieren sich um die relativ kleine Zahl fünf festangestellter Redakteure unter deutscher Leitung rund 30 ständige und etwa 80 gelegentliche freie Mitarbeiter: Journalistinnen und Journalisten, die Nachrichtensendungen produzieren, Reporterinnen und Reporter, Sprecherinnen und Sprecher, Sportjournalisten, Gestalter von Musiksendungen.
Aus den Studios des Süddeutschen Rundfunks berichten - um Ihnen nur zwei Namen zu nennen - regelmäßig Antonio Mazzaro und Roberto Sanchez, zwei Kollegen, die auch an diesem Radioforum teilnehmen.
Die Frage war 1964, wo geeignete ausländische Mitarbeiter finden? Es lag nahe, die Suche zuerst bei den ausländischen Kulturinstituten und den deutschen Sprachenschulen in München zu beginnen. Die Mehrheit der Redakteure im Ausländerprogramm waren - wie mein Kollege Dr. Gualtiero Guidi - hauptberuflich Dozenten, "intellektuelle Gastarbeiter", wie sie sich heute noch mit Selbstironie nennen. Eine Gastarbeitersendung von "Gastarbeitern" für Gastarbeiter? Mitnichten! Nie war es der Sinn des Ausländerprogramms, ein "Ghetto-Radio" zu sein. Im Gegenteil: Auftrag

des fremdsprachigen Programms war und ist es jeder Ghettobildung entgegenzuwirken. Das Ausländerprogramm verstand und versteht sich heute mehr denn je als einen Beitrag zur Integration der ausländischen Mitbürger - unserer Hörer - in die deutsche Gesellschaft. Die Mitarbeiter unseres Ausländerprogramms haben bisher diesen Auftrag auf eine Weise erfüllt, die hohe Anerkennung findet.

Selbst als Ausländer wußten sie dennoch stets ihre Arbeit als eine deutsche öffentlich-rechtliche Aufgabe zu begreifen. Sie wissen, daß sie ihren Landsleuten am Radiogerät am besten dienen, wenn sie die kritische journalistische Distanz zur Information wahren, auch bei Themen, die sie, als "Ausländer", direkt abgeben. Im Ausländerprogramm ist Liebe zur angestammten Heimat kein Hindernis, das Interesse am Gastland bei den Hörern zu wecken.

Heute arbeiten in unseren Redaktionen in München viele junge Jounalisten aus den Herkunftsländern, die frische Luft aus der Heimat in die Programme hineinbringen. Nicht zuletzt muß man die in Deutschland geborenen jungen Mitarbeiter erwähnen, die 1964 - als die muttersprachlichen Sendungen begannen - noch nicht auf der Welt waren, dann als Kinder mit unseren Sendungen als abendlicher Bestandteil des Familienlebens vertraut wurden und die heute selbst für das Ausländerprogramm tätig sind.

Die Zeiten, als Redakteure des Ausländerprogramms sich auch mit Fragen beschäftigen mußten wie "Wo finde ich im Reisebus meinen vertauschten Koffer?", gehören längst der Vergangenheit an. Es kommt jedoch immer noch gelegentlich vor, daß Redakteure etwa um Mitternacht zu Hause angerufen werden, weil Hörer bei der Bekanntgabe von Veranstaltungen nicht aufgepaßt haben und sie wissen wollen, wann genau das große Flamenco-, Sirtaki- oder Tarantella-Fest in Frankfurt, München oder Stuttgart stattfindet. Das sind zwei Anekdoten. Sie beweisen aber, daß die muttersprachlichen Sendungen von den Hörern als "Familienprogramm" empfunden werden, für das sie nach wie vor großes Interesse zeigen. Dieses Interesse äußert sich immer noch in ungewöhnlich zahlreichen Briefen und vielen spontanen Telefonanrufen. Viele fühlen sich mit den Programmen wirklich verbunden.

Drei Jahrzehnte sind eine lange Zeit. Sie sind auch am Ausländerprogramm nicht spurlos vorbeigegangen. Einige unserer Mitarbeiter weilen leider nicht mehr unter uns. Der erste Redakteur des griechischen Programms, Pavlos Bakojannis, wurde 1989 von Terroristen in Athen ermordet. Mitarbeiter der ersten Stunde des Ausländerprogramms befinden sich bereits im Ruhestand. Andere werden demnächst das Rentenalter er-

reichen. Auch hier übernimmt die Jugend - wie schon gesagt - allmählich das Steuer, wobei die Frauen in der Überzahl sind.
Lassen Sie mich ein ganz kurzes Fazit ziehen: Man spricht heute gerne von einem Europa ohne Grenzen: Im Ausländerprogramm des Bayerischen Rundfunks findet jeden Tag ein Stück dieses Europas statt. Ich danke Ihnen für Ihre Aufmerksamkeit.

Allgemeine Thesen zu muttersprachlichen Sendungen

von: Dr. Yüksel Pazarkaya, Leiter der türkischen Redaktion des Westdeutschen Rundfunks

1. Am meisten haben die deutschen Emigranten während des Hitler-Regimes unter *Sprachverlust* gelitten.
2. *Sprachverlust* ist gleichsam Identitätsverlust, Verlust am Selbstvertrauen, *Selbstwertgefühl*.
3. Minderheiten ohne, beziehungsweise mit vermindertem Selbstvertrauen sind um so schwerer in die Gesellschaft zu integrieren.
4. Eine Grundversorgung in den Muttersprachen gehört zur Versorgungspflicht öffentlich-rechtlicher Anstalten. Auch die Feststellung des Verfassungsgerichts ist im Falle der Minderheiten mit einer anderen Muttersprache in diesem Sinne zu verstehen.
5. Die Muttersprachen der Minderheiten gehören heute zu den Umgangssprachen in Deutschland. Die zweitstärkste Umgangssprache nach Deutsch ist beispielsweise Türkisch.
6. Integration unter Verlust der Eigenheiten ist keine Integration.
7. Multikulturalität durch Aufhebung der Eigenheiten, so der eigenen Muttersprache, ist keine Multikulturalität.
8. Multikulturalität in den Medien stellt sich in den Muttersprachensendungen unter dem Einfluß der dominierenden deutschen Sprache und Kultur ohnehin ein. Wichtig ist sie in deutschsprachigen Medien herzustellen.
9. Multikulturalität ist nur durch Akzeptanz der anderen Kulturen und Sprachen möglich. Kein Einheitsbrei!
10. Sendungen in nichtdeutschen Muttersprachen sind eine sinnvolle und notwendige Ergänzung zu deutschsprachigen Programmen, in denen die besonderen Bedürfnisse und Erwartungen der Minderheiten nicht hinreichend berücksichtigt werden können.
11. Ohne Grundversorgung in den Muttersprachen mit dem Anspruch "Information - Bildung - Unterhaltung" sind die Gebühren dieser Zielgruppen nicht mehr zu rechtfertigen.

12. Muttersprachensendungen bedeuten *emotionale* Bindung der Minderheiten an den WDR, bzw. an die ARD.
13. Trotz - vielleicht sogar gerade wegen - vorhandener Deutschkenntnisse sind Sendungen in den Muttersprachen ein großes Bedürfnis. Wie sollte man sonst die hohe Frequentierung der Fernsehprogramme aus der Türkei via Kabel bzw. Satelliten erklären? Sie konnten in ein großes, bestehendes Versorgungsvakuum hineinströmen.
14. Doch Muttersprachensendungen aus den ehemaligen Herkunftsländern wirken ghettoisierend, gegen die Integration, ja sogar in Richtung nationalistischer Gefühle.
15. Selbst in der Schule, selbst bei den in Deutschland geborenen Schülergenerationen wirken ein paar Brocken Türkisch von deutschen Lehrern vertrauensbildend.
16. Selbstwertgefühl und Vertrauen in die eigene Sprache hat in den letzten drei bis vier Jahrzehnten im Falle von gesellschaftlichen Konfliktfällen große Verdienste bezüglich des sozialen Friedens und des gegenseitigen Verstehens geleistet. An diesem Vertrauen in die eigene Sprache wird sich auch in Zukunft nichts ändern.
17. Ohne eine glaubwürdige "Instanz" in der eigenen Sprache werden die Zielgruppen nicht nur den Ideologien der Medien aus den Herkunftsländern ausgeliefert, sondern auch den Extremisten in ihren eigenen Reihen.
18. Muttersprachensendungen sind Menschenrecht, ein Gebot des demokratischen, sozialen Rechtsstaats.

Berlin: SFB 4 - Radio Multikulti

von: Dr. Friedrich Voß, Leiter "Radio Multikulti", SFB 4 Berlin

Die Stadt

12,1 Prozent der Berliner Bevölkerung sind Migranten aus insgesamt 181 Staaten - ehemalige Gastarbeiter aus den Mittelmeerländern, Einwanderer aus Osteuropa und Flüchtlinge aus der ganzen Welt. Zu 90 Prozent leben sie im Westteil der Stadt, erst allmählich entwickeln sich ähnliche soziokulturelle Strukturen auch im Ostteil. Für ganz Berlin ist die Tendenz steigend. Die ausländischen Bürger leisten ihren Anteil am Gemeinwesen dieser Stadt. Dennoch blieb ihnen bis heute eine adäquate Versorgung durch die Medien versagt. Desgleichen mangelt es an einem Forum, das zum Abbau von Ressentiments auf deutscher Seite wie auf Seiten der Minderheiten beitragen kann. Hier liegen die Aufgaben des multikulturellen Programms für Berlin, das damit zugleich eine Pilotfunktion für die ARD übernimmt.

Das Programm

Das multikulturelle Programm ist die Antwort des Senders Freies Berlin (SFB) auf die hier skizzierten Defizite in der Medienversorgung. Es handelt sich um ein Projekt, das inhaltlich und formal neue Wege beschreitet, exemplarisch für Deutschland und für ganz Europa. Der zeitliche Rahmen umschließt zunächst drei Jahre mit einer täglichen Sendezeit von 24 Stunden. Gesendet wird in mehreren Sprachen. Die Grundversorgung der ethnischen Minderheiten muß zu einem wesentlichen Teil in der jeweiligen Muttersprache geleistet werden. Darüber hinaus wird es deutschsprachige Sendestrecken geben, um hier ein Forum der Verständigung zu schaffen. Einzigartig wird auch die Musikfarbe sein: populäre wie auch traditionelle Klänge aus aller Welt in einer globalen Mischung - unter Verzicht auf anglo-amerikanische Rock- und Pop-Musik.

Finanzierung

Für das Programm ist eine Mischfinanzierung vorgesehen, die sich aus Mitteln des SFB, der Landesmedienanstalt Berlin-Brandenburg und des Bundesministeriums für Arbeit und Soziales zusammensetzt. Trotz knapper Kalkulation für Personal und Programm ist der Sender darauf angewiesen, zur Sicherung und zum Ausbau des Angebots, zusätzliche Mittel zu akquirieren.

Standort

Der Berliner Radiomarkt scheint gesättigt. Auf der UKW-Skala folgt dicht gedrängt ein Sender dem nächsten, die Übergänge sind oft fließend. Das Zielpublikum ist nach dem Lebensalter aufgeteilt, politisch und kulturell Interessierte werden bedient, Autofahrer und Sportbegeisterte erhalten ihre Informationen, und für Unterhaltung ist gesorgt. Ein Aspekt aber, ein wesentlicher Aspekt der Berliner Realität, taucht in dieser Landschaft bisher nicht auf: Berlin ist eine multikulturelle Metropole, eine Stadt, in der Menschen aus 181 Staaten zusammenleben - mit allen Chancen und allen Schwierigkeiten, die sich daraus ergeben.
Erstmals in größerer Zahl nach dem 2. Weltkrieg kamen in den 60er Jahren Arbeitskräfte aus den Mittelmeerländern nach Deutschland, angeworben von der deutschen Wirtschaft: Gastarbeiter. Viele von ihnen sind geblieben, haben ihre Familien nachgeholt; ihre Kinder sind zum großen Teil schon hier geboren und haben ihre eigene Existenz aufgebaut. Um nur die größte Gruppe zu nennen: ca. 140.000 Türken leben in Berlin. Gemeinsam mit den anderen Migranten aus Südeuropa leisten sie einen wesentlichen Beitrag zur wirtschaftlichen Entwicklung in dieser Stadt. Sie sind hineingewachsen in die Residenzgesellschaft, aber auch sie behalten eine doppelte Identität. Ihre Vergangenheit, Tradition und Herkunft prägen ihre Gegenwart ebenso wie das Umfeld in ihrem deutschen Gastland.
Sehr viel mehr Gewicht als bei diesen Menschen hat die Bindung an das Heimatland bei den Migranten, die erst vor kurzem nach Deutschland gekommen sind. Mit der Öffnung der Grenzen in Osteuropa strömten viele in Richtung Westen. Erstes Ziel war für die meisten Berlin, und hier sind sie seitdem auch geblieben. Nur wenigen ist es bisher gelungen, sich zu etablieren. Nicht zuletzt die Sprache ist hier ein großes Hindernis, sich in der fremden Welt zurechtzufinden.
Zu diesen beiden großen Gruppen von Migranten kommen Flüchtlinge aus aller Welt; Menschen, die aus politischen oder religiösen Gründen in ihren

Heimatländern verfolgt werden, wie die Angehörigen des jüdischen Glaubens aus Rußland. Andere flüchten vor dem Krieg auf heimischem Boden. Annähernd 55.000 Bürger aus dem ehemaligen Jugoslawien befinden sich mittlerweile in Berlin. Armut und Elend in der Dritten Welt sind weitere Gründe der Migration.
Wie durch ein Brennglas konzentriert zeigen sich die Auswirkungen der weltweiten Wanderungsbewegungen auf Deutschland in Berlin. Etwa 11,7 Prozent der Bevölkerung in dieser Stadt haben eine andere als die deutsche Nationalität (zum Vergleich: bundesweit liegt die Zahl bei ca. 8 Prozent). Hinzu kommt die Besonderheit der ehemals geteilten Stadt. Eine Normalität im Zusammenleben zwischen Ausländern und Deutschen hat es im Staat der DDR nicht gegeben. Der Zuzug war streng kontingentiert und die Kontraktarbeiter im Lande wurden in abgetrennten Siedlungen von der deutschen Bevölkerung ferngehalten. Noch heute leben etwa 90 Prozent der Berliner Migranten im Westteil der Stadt. Mit der alltäglichen Realität einer multikulturellen Gesellschaft werden damit aber auch die Bürger im Ostteil konfrontiert Für viele eine neue Erfahrung, auf die - ob der vielen anderen Probleme - kaum Zeit blieb, sich vorzubereiten.
Berlin muß sich dieser Situation stellen. Aufgabe ist, exemplarisch auch für andere Teile in diesem Land, Lösungswege aufzuzeigen und zu realisieren. Toleranz und Weltoffenheit sind dafür die Voraussetzungen, die auch Zeichen für Berlin als Hauptstadt setzen. Eine Stadt, die künftig mehr und mehr Geschäftsleute, Diplomaten, Künstler und andere Gäste aus dem Ausland anziehen wird, muß zeigen, daß sie auch zu einem friedlichen und konstruktiven Zusammenleben mit den ausländischen Mitbürgern in der Lage ist.
Das Ziel heißt Integration, nicht Assimilation. Und genau hier benennt die Ausländerbeauftragte der Stadt Berlin, Barbara John, ein Defizit: die mit der Wiedervereinigung verbundenen wirtschafts- und sozialpolitischen Probleme drängen Fragen der Integration in den Hintergrund. Im öffentlichen Bewußtsein bleiben lediglich die Diskussionen über fremdenfeindlich motivierte Gewalt und das Asylthema.
Voraussetzung für eine wirksame Integration ist die Information. Vorurteile und Diskriminierung resultieren aus Unkenntnis, dem mangelnden Wissen über den anderen. Hier liegt die wesentliche Aufgabe der Medien.

Programmprofil

Das Programmvorhaben des SFB, eine multikulturelle Welle anzubieten, steht in der Tradition des öffentlich-rechtlichen Rundfunks. Es wandelt

das alte Gastarbeiterprogramm, mit dem die ARD einmal begonnen hat, in ein multikulturelles Konzeptprogramm um - und zieht damit die Konsequenzen aus der veränderten gesellschaftlichen Situation.
Die Aufgabe, die dieses Hörfunkprogramm zu erfüllen hat, ist eine doppelte: es bietet einerseits eine Grundversorgung für die ausländischen Mitbürger, die es ihnen ermöglicht, sich im Gastland zu orientieren, ohne die eigene kulturelle Identität aufzugeben. Andererseits versteht es sich als Forum der Verständigung zwischen ethnischen Minderheiten und Deutschen in dieser Stadt. Kontakt herstellen, um Fremdheit abzubauen, lautet ein wesentliches Ziel. Information, Aufklärung und wechselseitiges Kennenlernen sind Voraussetzungen einer Integration. Die Berichterstattung legt einen Schwerpunkt darauf, Normalität zu beschreiben. Weder Exotismus noch einseitige Problemorientierung sind hier förderlich. Das Leben in einer multikulturellen Gesellschaft ist Alltag; diesen Alltag aufzugreifen, zu spiegeln und zu reflektieren, ist das Anliegen des multikulturellen Programms.
Damit wird in einer Zeit der wachsenden Polarisierung, der extremistischen Gewalt auf der einen Seite und der zunehmenden Verunsicherung auf der anderen, ein wichtiges politisches Signal gesetzt: ein Zeichen der Verantwortung des Gastlandes gegenüber seinen ausländischen Bürgern. Es handelt sich um ein kulturpolitisch wichtiges Projekt mit Modellcharakter - nicht nur für Deutschland, sondern auch für Europa; neue Wege, die hier beschritten werden, lassen sich langfristig übertragen.
Das Projekt ist auf drei Jahre angelegt - ein Zeitraum, der es ermöglicht, zuverlässig die Akzeptanz in der Stadt zu ermitteln. Dem SFB wurde dafür von der Landesmedienanstalt Berlin-Brandenburg die UKW-Frequenz 106,8 zugeteilt.
Seit dem 18. September 1994 sendet das multikulturelle Programm mehrsprachig; das ergibt sich zwingend aus den Voraussetzungen und genannten Zielen. Ein wesentlicher Teil der Grundversorgung muß in den Muttersprachen der Ethnien, die in der Stadt am stärksten vertreten sind, geleistet werden. Um darüber hinaus eine übergreifende Kommunikation zu ermöglichen, bedarf es einer "lingua franca". Über weite Strecken sendet die Welle daher in deutscher Sprache. Hieraus ergibt sich ein Doppelcharakter des Programms als Einschalt- und Tagesbegleitprogramm.

Das Programm

Das Angebot fremdsprachiger Sendungen im multikulturellen Programm orientiert sich an der Bevölkerungsstruktur Berlins. Zu den Sprachen der klassischen Anwerberländer im Mittelmeerraum, wie sie im Angebot der ARD vertreten sind, kommen die des osteuropäischen und arabischsprachigen Raumes hinzu. Gerade die jüngeren Einwanderergruppen sind auf ein Informationsangebot in ihrer Muttersprache angewiesen, um sich in der fremden Umgebung zurechtzufinden.

Die Grundversorgung, die hier geleistet wird, umfaßt sowohl Informationen über die Heimatländer als auch über das, was im Gastland und in Berlin die Ethnien unmittelbar betrifft. Gerade im lokalen Bereich gibt es ein großes Informationsdefizit, das es zu beseitigen gilt. Hierin liegt die Hauptaufgabe der Berliner Redaktionen, während das übergreifende Themenspektrum durch das Angebot der ARD abgedeckt wird.

Hinzu kommt eine täglich gesendete Sequenz "Deutsch als Fremdsprache", ein vom Goethe-Institut entwickeltes Kursangebot. Umfassende Service-Informationen über Aktivitäten und Veranstaltungen der Ethnien in Berlin sind ebenfalls fest im Programm verankert.

Die gewählten Zeiten für die muttersprachlichen Sendungen ergeben sich aus den Hörgewohnheiten der ausländischen Bürger, wie sie in Studien belegt sind: plaziert am späten Nachmittag und am Abend, zur besten Sendezeit.

Der deutschsprachige Teil des multikulturellen Programms findet tagsüber statt. Zielpublikum sind alle Bürger dieser Stadt, die mit der deutschen Sprache vertraut sind. Das Programm ist thematisch breit gefächert. In zwei längeren Magazin-Strecken werden die Hörer mit aktuellen Informationen versorgt. Themenauswahl und -gestaltung gibt der Grundgedanke dieser Welle vor. So werden auch deutschlandpolitische Themen unter der Fragestellung behandelt, welche Auswirkungen sie für die ethnischen Minderheiten im Lande haben. Ausländische Journalisten werden hier zu Wort kommen; u.a. gehört ihnen der tägliche Kommentarplatz.

Ein fester Sendeplatz ist am Samstagnachmittag für die Jugend eingerichtet. Ein Ort des wechselseitigen Austauschs ist gerade für diese Altersgruppe besonders wichtig. Die meisten Gewalttaten, die sich gegen andersgläubige oder ausländische Menschen richten, gehen von Jugendlichen aus. Unkenntnis bereitet hierfür den Boden. Dieser auf möglichst spielerische Weise entgegenzuwirken bietet eine Chance, Vorurteile abzubauen.

Das Leitmotiv des Programms, ein Forum der Verständigung zu schaffen, findet sich auch als Arbeitstitel für eine eigene Sendestrecke wieder. Hier geht es live an die Brennpunkte des multikulturellen Zusammenlebens in Berlin. Die finden sich in kulturellen, politischen oder religiösen Bereichen ebenso wie im alltäglichen Miteinander der Menschen in dieser Stadt.

Das Programm soll so vielfältig sein wie das Leben in Berlin. Es bietet Platz für ruhige, konzentrierte Gespräche, für Literatur, Kunst und Wissenschaft ebenso wie für Themen aus Politik, Wirtschaft oder auch Sport - präsentiert in gleichermaßen informativer wie unterhaltender Form.
Zu jeder vollen Stunde werden Nachrichten gesendet. Erweitert wird das Angebot der SFB-Nachrichtenredaktion durch Meldungen aus den Heimatländern der Ethnien und durch Stellungnahmen auch der ethnischen Gruppen zu regionalen, nationalen und internationalen Themen. Darüber hinaus übernimmt die Welle Weltnachrichten mit Korrespondentenberichten von der BBC und des RFI.
Charakteristisch für das Programm ist die Musikfarbe: aktuelle, gut hörbare Musik aus aller Welt; ausgeklammert bleibt die Rock- und Popmusik aus dem anglo-amerikanischen Raum, die den Klang der anderen Wellen bestimmt. In sämtlichen Programmbereichen der multikulturellen Welle wird Weltmusik zu hören sein, die in verschiedenen Sendungen auch selbst zum Thema wird, u.a. auf eigenen Sendeplätzen für Ethnomusik. Darüber hinaus werden im Nachtprogramm Konzertmitschnitte gesendet und Weltmusik-Sendungen aus Rundfunkanstalten der ganzen Welt in der jeweiligen Originalsprache übernommen.

Kooperation

Wichtigster Kooperationspartner des multikulturellen Programms ist das Haus der Kulturen der Welt (HKW) im Berliner Tiergarten - eine Institution, die sich seit Jahren einen Namen gemacht hat im Bereich der kulturübergreifenden Verständigung. Die Redaktionsräume der lingua franca-Strecken und das Sendestudio sind auf dem Gelände des HKW untergebracht. Damit sitzt das Programm an der Basis des multikulturellen Lebens in dieser Stadt. Darüber hinaus stehen sämtliche Veranstaltungen des HKW für Mitschnitte und Übernahmen zur Verfügung.
Weitere Partner sind die BBC, die DW und das RFI - Sendeanstalten, deren Namen für qualitativ hochstehende internationale Berichterstattung stehen. Außerdem wird, wie in anderen Programmen auch, eine enge Zusammenarbeit mit den anderen Häusern der ARD gepflegt.
Neben eigenen Musiksendungen besteht - v.a. im Nachtprogramm - die umfangreichste Kooperation europäischer Rundfunkanstalten, die je unter dem Dach der EBU (European Broadcasting Union) zustandegebracht wurde. Es handelt sich um musikalisch global ausgerichtete und besonders authentische Sendungen aus europäischen Metropolen (London, Paris, Prag, Stockholm, Madrid, Wien, Basel, Helsinki, Istanbul, u. a.) und

Übersee (Toronto). Sie werden wenige Tage nach ihrer Erstausstrahlung in Originalsprache in das Nachtprogramm übernommen.

Finanzierung und Perspektiven

Für das Programm besteht eine Mischfinanzierung, die sich aus Mitteln des SFB, der Landesmedienanstalt Berlin-Brandenburg und des Bundesministeriums für Arbeit und Soziales zusammensetzt. Die zur Verfügung stehenden Mittel sind äußerst begrenzt und erlauben lediglich ein eingeschränktes eigenproduziertes Programmangebot, das auf weiten Strecken durch kostengünstige Übernahmen ergänzt werden muß.
Der SFB ist bemüht, mit einer sehr dünnen Personaldecke unter Einbeziehung der Volontärsausbildung ein anspruchsvolles Programm zu bieten, ist aber - zur Sicherung und zum Ausbau des Angebots - gezwungen, zusätzliche Mittel zu akquirieren.
Der SFB ist sehr daran interessiert den dreijährigen Modellversuch auszubauen und weiterzuführen, wenn auch z. Z. erst 18 Monate Sendezeit finanziell gesichert sind. Ein multikulturelles Programmangebot entspricht dem öffentlich-rechtlichen Auftrag (s. Bundesverfassungsgerichtsurteil vom 22. Februar 1994), dem der Berliner Sender einmal mehr gerecht werden will.

Ausländer und Medien - ARD-Ausländerprogramme

von: Gunther Schneider, Leiter der Ausländerprogramme des Hessischen Rundfunks

Das Ausländerprogramm des Hessischen Rundfunks hat vielfältige Erfahrungen mit Sendungen von und über Ausländer - und möchte sich deshalb auch an der Diskussion über neue Entwicklungen beteiligen.
Also, was machen wir: Zunächst einmal übernehmen wir die Abendsendungen aus Köln und München, seit 1989 leider nur noch auf der Mittelwelle, obwohl zweimal - bei der Beantragung der UKW-Ketten für hr 3 und hr 4 - die bessere Versorgung der ausländischen Hörer als Argument genutzt wurde. In Ergänzung dieser Grundversorgung bringen wir samstags von 16 bis 19 Uhr ebenfalls auf der Mittelwelle die Nachrichten und Informationen für Ausländer in Hessen - in den Sprachen der Abendsendungen. Sonntags sind wir endlich auf UKW. In hr 4 läuft von 11.05 Uhr bis 14 Uhr das "Rendezvous in Deutschland". Diese Sendung versteht sich nicht nur als Ergänzung, sondern als Erweiterung der Abendsendungen. Deutsch kommt als verbindende Sprache hinzu. Diese Sendung wendet sich an das Publikum der Abendsendungen, aber auch an alle Nichtdeutschen, für die es kein muttersprachliches Angebot gibt, und an alle interessierte deutsche Hörerinnen und Hörer. Das "Rendezvous" wird Anfang nächsten Jahres 30 Jahre alt, viele trauen ihm aber schon heute nicht.
Bevor ich das "Rendezvous" näher darstelle, noch ein paar Informationen zu unserem jüngsten Produkt. Seit Dezember 1989 gibt es das "Gesellschaftsforum - Magazin für multikulturelle Fragen" dienstags von 19.30 bis 20.00 Uhr in unserem Kulturprogramm hr 2. Die Sprache ist deutsch, in der Regel hat die Sendung vier Beiträge zu politischen, gesellschaftlichen und kulturellen Themen, die Weltmusik ist ein wesentliches Qualitätsmerkmal, auch aus Sicht der Hörer.
Nun zum "Rendezvous in Deutschland", das in den Anfangsmonaten alle ARD-Anstalten übernommen haben, dann in der Regel zwei bis vier, mit häufigen Wechseln. Heute sind nur noch SFB 4 Multikulti und SR 4 dabei, nachdem sich Ende letzten Jahres der WDR ganz leise verabschiedet

hat. Das "Rendezvous" versucht den Spagat, muttersprachliche Zielgruppenhörer und andere gleichzeitig anzusprechen und über eine möglichst lange Zeitspanne der knapp drei Stunden Sendezeit zu halten. Das beginnt mit einem kurzen Themenüberblick, dann folgen die beiden ersten Sprachteile von jeweils 25 Minuten. Das Hauptthema wird um 12 Uhr konzentriert in 35 Minuten auf Deutsch behandelt, meist in Form einer Studiodiskussion, gelegentlich als Feature. Danach noch einmal drei Sprachteile, unterbrochen von zwei 5-Minuten-Stücken auf Deutsch, in der Regel ein Bericht oder ein Kommentar, aber auch Musikvorstellungen oder Theaterkritiken. Die Sprachteile von jeweils 25 Minuten sind zweisprachig. Das Thema oder auch die Themen werden in der Muttersprache und auf Deutsch behandelt, mitunter auch im fliegenden Wechsel. Es kommt vor, daß auf eine in der Muttersprache gestellte Frage der Gast auf Deutsch antwortet oder der Interviewer steuert selbst den Wechsel der Sprachen. Das "Rendezvous" behandelt eine breite Palette von Themen, wobei das Hauptthema sich durch die ganze Sendung ziehen kann oder nur den 12-Uhr-Themateil bestimmt.

Vor einiger Zeit beispielsweise haben wir zum Jahr der Toleranz die europaweite Aktionswoche gegen Rassismus vorgestellt, dazu gab es in vier von fünf Sprachteilen ergänzende Informationen. Der türkische Kollege brachte zusätzlich ein Interview über die alevitische Philosophie, die jugoslawische Kollegin stellte den Filmemacher Zelimir Zilnik vor, der griechische Mitarbeiter berichtete über den Bundeskongress der deutsch-griechischen Gesellschaften, die 5-Minuten-Stücke behandelten die Auswirkungen des Endes von Rot-Grün in Frankfurt auf das Multikultiamt und die Ansätze für einen christlich-islamischen Dialog.

Hier noch ein kurzer Überblick über die Themen der letzten Zeit:

Jugendstrafverfahren, Die Arbeit der Frauen, Fasching 1995 mit Gerhard Zwerenz, Bosnien - der Krieg geht weiter, Islamischer Religionsunterricht, 20 Jahre Woche der ausländischen Mitbürger

Nun zu dem Nebensatz, daß viele dem "Rendezvous" nicht trauen. Das ist zunächst der Ansatz: Muttersprachen und Deutsch. Es gibt die Verfechter von muttersprachlichen Sendungen, es gibt die Schule Sendungen über und auch mit Migranten auf Deutsch. Diese beiden Modelle existieren nebeneinander, und viele der Macher halten das Miteinander, wie es im "Rendezvous" praktiziert wird, für ein Unding. Da würden weder die muttersprachlichen noch die deutschen Hörer richtig bedient. Diese Skepsis deckt sich nicht mit meinen Erfahrungen, auch nicht mit den wenigen Zahlen, die uns die Medienforschung liefern kann. Ein anderer Grund, warum das "Rendezvous" auf Mißtrauen stößt, liegt nicht an der Redaktion, sondern an den Hörfunkdirektoren. Bei ihren Überlegungen für eine Renovierung der Abendsendungen wurde immer wieder nachgedacht, ob das "Rendezvous" beispielsweise am Sonntagabend laufen könnte. Die Redaktion hatte niemals die Absicht, die Abendsendungen auch nur an einem Tag zu ersetzen, wurde aber doch etwas mißtrauisch betrachtet. So wie sich die Lage jetzt darstellt, sind wir von jedem Verdacht befreit. Die Abendsendungen als Gemeinschaftsaufgabe der ARD sind von uns nicht gefährdet oder in Frage gestellt. Auch eine Multikultiwelle stellt nicht per se eine Gefährdung der Abendsendungen dar, wie das Beispiel von SFB 4 Multikulti zeigt. Bedenklich wird es aber, wenn der Zusammenhang von Grundversorgung durch die Abendsendungen und ergänzenden Angeboten aufgelöst werden sollte und eine Multikultiwelle als etwas völlig Neues kreiert werden soll. Zusätzlich kann viel gemacht werden, aber dafür braucht man auch zusätzliche Mittel und vor allem ein klares Konzept. Dabei muß auch die Frage beantwortet werden, wie das Verhältnis von Muttersprachen und Deutsch ist und dabei möchte auch das HR-Ausländerprogramm mit seinen Erfahrungen befragt werden. Aber es sind noch eine ganze Menge anderer Fragen zu beantworten. Eine Welle hat ein definiertes Profil und ein Format. Es gibt klare Vorstellungen, welchen Teil des Publikums man beglücken will. Es gibt Grundtypen von Wellen, Infowellen, Jugendwellen, Kulturwellen, Heimatwellen etc. Diese Grundtypen haben sich über Jahre hinweg entwickelt, sind aus den Vollprogrammen, die jedem etwas bieten wollten, herausgewachsen. Dabei blieb - nebenbei bemerkt - manches, was zum öffentlich-rechtlichen Rundfunkauftrag gehört, auf der Strecke oder wurde an den Rand gedrängt, die Ausländerprogramme sind ein Beleg dafür.

Wenn jetzt die Ausländerprogramme in einer Multikultiwelle aufgehen oder eingehen sollen, müssen die Vorstellungen auf den Tisch gelegt werden, wie das Profil definiert wird, wie das Format aussehen soll, welche Hörerschaft angepeilt wird. Nachdem ich am dritten WDR-Hearing teilgenommen habe, stellten sich für mich gleich mehrere Wellen dar. Die Migrantenorganisationen, deren Wünsche eingesammelt wurden, erwarten eine Abfolge von Muttersprachensendungen mit mehr Sprachen und ausgedehnten Sendezeiten. Die WDR-Planer äußerten sich nicht direkt dazu, ließen aber erkennen, daß ihre Überlegungen eher in eine andere Richtung gehen, möglicherweise hin zu einem Weltmusikteppich mit muttersprachlichen und deutschen Wortanteilen. Dies liegt auch nahe, wenn man die finanziellen Möglichkeiten ansieht. Wenn die neue Multikultiwelle weitgehend aus dem Bestand heraus finanziert werden soll, bleibt wenig Spielraum für ein wortintensives und redaktionell aufwendiges Vollprogramm.

Den Verdacht einer Billiglösung bestätigt auch, daß die Deutsche Welle intensiv für die Sprachangebote genutzt werden soll. Bei allem Wohlwollen für die Fremdsprachenredaktionen der Deutschen Welle, ihr Thema war bislang nicht die Migration und die Entwicklung des Einwanderungslandes Deutschland.

Schließlich das Publikum: Kann man von einer Wellengemeinde ausgehen, wenn viele Migrantengruppen und alle Migrantengenerationen, dazu noch einschlägig interessierte Deutsche angesprochen werden sollen? Was bleibt unter dem Strich als gemeinsamer Nenner? Im Gegensatz zu anderen glaube ich, daß Antworten auf diese Fragen herausgearbeitet werden können, wenn man sich ihnen seriös stellt. Aber das ist ein Prozess, der nicht allein in Köln oder in einem "Funkhaus Europa" ablaufen kann. Und dieser Prozeß wird unnötig belastet, wenn die Diskussion über eine Multikultiwelle zu einem politischen Streit unter den ARD-Anstalten führt und möglicherweise die Finanzierung der Abendsendungen als Gemeinschaftsaufgabe gefährdet. Daß die Rundfunkversorgung der nichtdeutschen Bevölkerung verbessert werden kann, ist selbstverständlich. Nur wenige Anstalten leisten soviel wie der Hessische Rundfunk, und auch bei dem sind Verbesserungen vorstellbar und notwendig. Es geht also nicht ums Zurücklehnen und Beschränken auf die Forderung, daß alles beim alten bleiben soll.

Deshalb abschließend kurz ein Blick auf das, was ich mir vorstelle. Zur gesellschaftlichen Realität in Deutschland gehört die Migration. Diese Realität muß vom öffentlich-rechtlichen Rundfunk dargestellt und reflektiert werden. Dazu gehören Programme in den Sprachen der Migranten und mit der Perspektive der Migranten unter Einbeziehung aller Generationen. Dazu gehört die kritische Auseinandersetzung mit der Politik der Aufnahmegesellschaft und mit den Strukturen der Migrationsbewegung. Das macht es erforderlich, daß ein Dialog stattfindet, auch auf Deutsch in den regulären Programmen. Kurzum meine Forderungen:

1. Erhalt der muttersprachlichen Sendungen, anständige finanzielle Ausstattung und eine ganz normale technische Verbreitung nach heutigem Standard, also in UKW-Qualität.

2. Integration der Ausländerprogramme in die Programmarbeit durch Sendungen, in denen die Perspektive der Migranten auch auf Deutsch vorkommt und in den gesellschaftlichen Dialog eingebracht wird.

3. Integration der Journalistinnen und Journalisten nichtdeutscher Herkunft in die Programmarbeit, da ihr Beitrag zur Wiedergabe und Reflektion der gesellschaftlichen Realität unverzichtbar ist.

Stellungnahme zu multikulturellen Programmen

von: Dr. Gualtiero Zambonini, Leiter Programmgruppe Fremdsprache, WDR Köln

Zwischen Dezember 1994 und März 1995 fanden beim Westdeutschen Rundfunk Köln Anhörungen über die Zukunft und Neuordnung der muttersprachlichen Sendungen der ARD statt. Die Experten, Multiplikatoren und Journalisten, die dazu eingeladen worden waren, betonten die Unverzichtbarkeit von muttersprachlichen Sendungen als effektivste Möglichkeit, die mehrsprachige Zielgruppe zu erreichen und als wichtiges identifikatorisches Moment der Sprachminderheiten in der deutschen Gesellschaft. Die demographischen und gesellschaftlichen Veränderungen der Struktur der Ausländerbevölkerung und die Änderungen innerhalb der Medienlandschaft (verstärkt seit 1990) erfordern eine Neuordnung und eine Ausweitung des bestehenden Angebots. Die Abendsendungen der ARD leiden unter der starken Konkurrenz der TV-Angebote aus den Herkunftsländern. Außerdem sollten muttersprachliche Zielgruppensendungen für Kinder, Ältere und Frauen auch zu Tagesbestzeiten ausgestrahlt werden.
Fritz Pleitgen, der damalige Hörfunkdirektor und heute Intendant des WDR, entwickelte als Schlußfolgerung aus den Ergebnissen der Hearings die Idee des "Funkhaus Europa", eine ganztägige Welle für die unterschiedlichen in Deutschland lebenden Sprachminderheiten mit lingua franca Deutsch als gemeinsamer Verbindungssprache. Durch Themenwahl und Musikfarbe und mit Hilfe der gemeinsamen Sprache Deutsch soll der Dialog innerhalb einer Mehrsprachengesellschaft ermöglicht werden. Das Hauptziel der Welle bleibt jedoch die Grundversorgung der 7 Millionen Einwanderer, die bei uns leben, mit Informationen und Serviceprogrammen.

Tagungsprogramm "4. Radioforum Ausländer bei uns" 40 Jahre 'Gastarbeiter' in Deutschland, 20. bis 22. März 1995, Stuttgart

Montag, 20.3.1995

bis 13.00 Uhr	Anreise / Anmeldung SDR-Funkhaus, Haupteingang Wilhelm-Camerer-Strasse Tagungsort: SDR-Funkhaus Stuttgart, Neckarstrasse 230, 70190 Stuttgart
14.00 Uhr Studiosaal	**Begrüssung** Dr. Friedmar Lüke, Hörfunkdirektor SDR Dr. Hans-Jürgen Waldschmidt, SDR-Fortbildung Prof. Dr. Karl-Heinz Meier-Braun, SDR-Ausländerredaktion Dr. Perluigi Velardi, Italienischer Generalkonsul, Stuttgart Informationen zum Veranstaltungsablauf
14.20 Uhr Studiosaal	**"40 Jahre Zuwanderung nach Baden-Württemberg" - Die "Gastarbeiter" gehen in Rente** Referentin: Helga Solinger, Ministerin für Arbeit, Gesundheit und Sozialordnung, Baden-Württemberg Diskussion

15.15 Uhr Studiosaal	**"40 Jahre 'Gastarbeiter' in Deutschland"** **Die Geschichte der italienischen Zuwanderung** Referenten: Prälat Battista Don Mutti, Italienische Mission, Stuttgart Dr. Gualtiero Guidi, Italienische Redaktion, Bayerischer Rundfunk Dr. Valerio Polimeni, Gründer des ersten ital. Seniorenclubs in Deutschland Moderation: Tony Mazzaro, SDR-Ausländerredaktion, Dr. Karl-Heinz Meier-Braun, SDR-Ausländerredaktion
16.00 Uhr	Kaffeepause
16.30 Uhr Studiosaal	Fortsetzung italienische Zuwanderungsgeschichte Diskussion
17.30 Uhr	Pause
18.30 Uhr	Transfer mit Bussen zum Italienischen Kulturzentrum in Fellbach, Pestalozzistrasse 102, Tel.: 0711/579688 Treffpunkte: 18.00 Uhr vor dem SDR-Funkhaus, Camerer-Strasse 18.00 Uhr vor dem Hotel Hansa, Silberburgstrasse
19.00 Uhr	**Abend im italienischen Kulturzentrum** Begrüßung durch Oberbürgermeister Friedrich-Wilhelm Kiel, Fellbach
gegen 23.30 Uhr	Transfermöglichkeit mit Bus zurück in die Hotels (oder eigenständige Rückfahrt mit öffentlichen Verkehrsmitteln möglich.)

Dienstag, 21.3.1995

9.30 Uhr	**"40 Jahre Einwanderungsland Deutschland -**
	Referent: Prof. Dr. Klaus Bade, IMIS - Institut für Migrationsforschung und interkulturelle Studien, Universität Osnabrück
	Diskussion
11.00 Uhr	Kaffeepause
11.15 Uhr Studiosaal	**"Ausländerrecht in der Bundesrepublik - Gestern, Heute und Morgen"**
	Referent: Gert Müller, Rechtsanwalt, Karlsruhe
	Diskussion
12.30 Uhr SDR-Casino	Mittagessen
14.00 Uhr Studiosaal	**"Zuwanderung und Bevölkerungsentwicklung"**
	Referent: Prof. Dr. Reiner Dinkel, Universität Bamberg
	Diskussion
15.30 Uhr	Kaffeepause
16.00 Uhr Studiosaal	**"Politik und Einwanderung" Gesprächsrunde mit Politikern**
	Gabriele Müller-Trimbusch, Sozialbürgermeisterin, Stuttgart, Frieder Birzele, Innenminister Baden-Württemberg, SPD,

	Cem Özdemir, Bundestag, Die Grünen/Bündnis 90
	Moderation: Ahmet Bayaz, SDR-Ausländerredaktion
18.00 Uhr SDR, Ebene 7	**Ausstellungseröffnung "40 Jahre Zuwanderung"**
	Musik, Imbiss und Umtrunk im SDR
	Eröffnung: Wolfgang Pohl, Chefredakteur Politik, SDR-Hörfunk

Mittwoch, 22.3.1995

Der Tag steht unter dem Gesamtthema "Ausländer und Medien - ARD-Ausländerprogramme"

9.30 Uhr Studiosaal	Podium zu: **"Ausländerprogramme und Multikulti-Welle"**
	Friedrich Gmeiner, Bayerischer Rundfunk Dr. Yüksel Pazarkaya, Westdeutscher Rundfunk Dr. Gualtiero Zambonini, Westdeutscher Rundfunk Dr. Friedrich Voß, Sender Freies Berlin Gunther Schneider, Hessischer Rundfunk
11.00 Uhr	Pause
11.30 Uhr Studiosaal	Fortsetzung der Podiumsdiskussion
gegen 13.00 Uhr	Veranstaltungsende
ab 13.00 Uhr SDR-Casino	Mittagessen
14.00 Uhr	Abreise oder Zeit für Nachgespräche

Personenverzeichnis

Prof. Dr. Klaus-Jürgen Bade, geb. 1944, Professor für Neueste Geschichte und Direktor des Instituts für Migrationsforschung und Interkulturelle Studien (IMIS) der Universität Osnabrück; Mitglied der Historischen Kommission für Niedersachsen und Bremen; Vorsitzender der Gesellschaft für Historische Migrationsforschung (GHM); Mitglied der EKD-Kommission für Ausländerfragen und ethnische Minderheiten und der Gemeinsamen Kirchlichen Arbeitsgruppe zum Problemfeld "Asyl, Flüchtlinge, Migration"; Arbeitsgebiete: Sozial- und Wirtschaftsgeschichte, Kolonial- und Überseegeschichte, Bevölkerungs-, Arbeitsmarkt- und Migrationsforschung.

Friedrich Gmeiner, Jahrgang 1933, wurde in Valparaiso in Chile geboren. Nach dem Studium der Wirtschafts- und Sozialwissenschaften in München trat er 1957 beim Bayerischen Rundfunk ein. Nach einem Volontariat arbeitete er als Fernseh- und Nachrichtensprecher, übernahm 1970 die Wirtschaftsredaktion und wurde 1986 Leiter der Ausländerredaktion des Bayerischen Rundfunks.

Dr. Gualtiero Guidi wurde 1930 in Seregno bei Mailand geboren. Er studierte Germanistik und Romanistik und kam 1958 nach München, wo er als Journalist für Quick und Weltbild arbeitete und als Sonderberichterstatter für Italien tätig war. 1961 folgte die Promotion an der Universität Bacconi (Mailand). 1964 kam er zum Bayerischen Rundfunk und war maßgeblich am Aufbau der italienischen Redaktion beteiligt, die er bis 1995 geleitet hat.

Friedrich Wilhelm Kiel, FDP-Landtagsabgeordneter, Jahrgang 1934, arbeitete zunächst als Lehrer für die Fächer Mathematik, Sport und Physik. Von 1966 bis 1970 war er Erster Bürgermeister in Ettlingen, von 1970 bis 1976 Bürgermeister in Pforzheim. 1976 kandidierte der mit Erfolg für das Amt des Oberbürgermeisters der Stadt Fellbach. Kiel ist stellvertretender Vorsitzender des Beirates der Kunststiftung Baden-Württemberg. Von 1988 bis 1990 war er Landesvorsitzender der FDP.

Martin A. Kilgus, Jahrgang 1963, arbeitet als Redakteur in der Ausländerredaktion des SDR. Er studierte Politik und Amerikanistik an den Universitäten Stuttgart und Georgetown/American University in Washington D.C. 1995 beendete er seine Promotion zur internationalen Medienpolitik. Martin Kilgus ist aktiv in der deutsch-amerikanischen Zusammenarbeit, der internationalen Jugendarbeit und als Berater für Studentenaustausch tätig.

Dr. Friedmar Lüke, Jahrgang 1932, studierte Politik, neuere deutsche Literaturgeschichte, neuere Geschichte und Musikwissenschaft in Hamburg, Burlington (USA) und Freiburg. Nach einem Volontariat beim Südwestfunk wurde er stellvertretender Programmchef Hörfunk. 1970 wechselte er als Chef aktuell zum Hörfunk des SDR, wo er 1974 Sendeleiter wurde. Seit 1987 ist er Hörfunkdirektor des Stuttgarter Senders. Er hat einen Lehrauftrag im Fachgebiet Kommunikationswissenschaft/Journalistik an der Universität Hohenheim und ist Vorsitzender des Beirates für Publizistik der Evanglischen Landeskirche Württemberg.

Prof. Dr. Karl-Heinz Meier-Braun, geb. 1950, Leiter der Ausländerredaktion des Süddeutschen Rundfunks Stuttgart (SDR), Lehrbeauftragter für Politikwissenschaft an den Universitäten Tübingen und Stuttgart. Promotion über Ausländerpolitik. Seit 1992 Honorarprofessor in Tübingen. Autor zahlreicher Funkbeiträge, Bücher und Aufsätze. Vorstandsmitglied im Landesvorstand Baden-Württemberg der Deutschen Gesellschaft für die Vereinten Nationen (DGVN). Beirat des Europäischen Forums für Migrationsstudien (EFMS) an der Universität Bamberg. Mitglied in der Sektion "Migration und Ethnische Minderheiten" der Deutschen Gesellschaft für Soziologie. 1995 wurde Karl-Heinz Meier-Braun für sein wissenschaftliches, journalistisches und persönliches Gesamtwerk mit dem Preis "Gesellschaftswissenschaften im Praxisbezug" der Schader-Stiftung ausgezeichnet.

Gert Müller, geboren 1919 in Laufenberg am Hochrhein, studierte zunächst Jura in Freiburg bevor er in Mannheim in einem Anwaltsbüro tätig war. 1967 verpflichtete er sich als Flüchtlingsrechtsberater des Deutschen Caritasverbandes. 1978 gründete er die "Zentrale Dokumentationsstelle der Wohlfahrtspflege für Flüchtlinge" (ZDWF). 1981 war er Mitbegründer der "Zeitschrift für Ausländerrecht und Asylpolitik" (ZAR). 1982 ernannte ihn der Deutsche Anwaltsverein zum Vorsitzenden des Gesetzgebungsausschusses für Ausländer- und Asylrecht. Er ist als Berater für zahlreiche Institutionen des deutschen Flüchtlingsrechts, vor allem bei Bundesbehörden und Wohlfahrtseinrichtungen, tätig. Seine Reisen führten ihn unter anderem in zahlreiche Länder der EU sowie nach USA und Kanada, wo er jeweils mit den Grundstein für die internationale Zusammenarbeit im Bereich der Flüchtlings- und Asylpolitik legte.

Gabriele Müller-Trimbusch, geboren 1945 in Schleswig-Holstein, studierte nach einem Schulbesuch in Milwaukee, Wisconsin (USA), in Kiel und Bloomington, Indiana, Englisch, Geschichte und Philosophie. Nach der Staatsprüfung für das Lehramt an Realschulen begann sie 1971 ihre wissenschaftliche Arbeit in Forschung und Lehre am Institut für Linguistik-Anglistik an der Universität Stuttgart. Seit 1. Mai 1990 ist sie Bürgermeisterin für Soziales und Schulen, seit 1993 für Soziales, Jugend und Gesundheit der Landeshauptstadt Stuttgart.

Prälat Battista Mutti, Jahrgang 1923, kam 1953 als italienischer Seelsorger nach Stuttgart, wo er die erste italienische Gemeinde Deutschlands aufbaute und maßgeblich gestaltete. Er diente als Berater der ersten Anwerbekommissionen, der Arbeitsämter und der kommunalen Behörden in Baden-Württemberg. Er ist Mitbegründer der "Circolo Italiano" und des Italienischen Kulturzentrums in Stuttgart.

Cem Özdemir wurde 1965 als Sohn türkischer Einwanderer in Bad Urach geboren. Er studierte Sozialpädagogik in Reutlingen und arbeitete als freier Journalist, Erzieher, Politik- und Kulturreferent. 1981 trat er bei den Grünen ein, wurde Orts- und Kreisvorsitzender, BUND-Vorsitzender in Bad Urach und war von 1989 bis 1995 Mitglied des Landesvorstandes von Bündnis 90/Die Grünen. Bei der Bundestagswahl am 16. Oktober 1994 wurde Cem Özdemir als erster Vertreter der in Deutschland geborenen zweiten Einwanderergeneration in den Deutschen Bundestag gewählt. Er ist einwanderungspolitischer Sprecher seiner Fraktion sowie stellvertretendes Mitglied im Innen- und im Petitionsausschuß und Schriftführer im Bundestag.

Dr. Yüksel Pazarkaya, Jahrgang 1940, studierte nach dem Abitur zuerst in Izmir und anschließend mit einem türkischen Staatsstipendium in Deutschland erst Chemie, dann Philosophie und Germanistik. Er gilt als einer der wichtigsten Vertreter der zeitgenössischen türkischen Literatur, schreibt Lyrik, Erzählungen und Essays und hat sich als "Entdecker" junger Autoren ebenso Verdienste erworben wie als Übersetzer ins Deutsche.

Er ist Leiter der türkischen Redaktion des Westdeutschen Rundfunks in Köln.

Dr. Valerio Polimeni arbeitet seit 1984 als Basissozialarbeiter für den Caritasverband im Sozialdienst für Italiener in Stuttgart. 1986 gründete er in Stuttgart den ersten italienischen Seniorenclub in Deutschland. Sein Arbeitsschwerpunkt ist die Betreuung ausländischer Seniorinnen und Senioren.

Gunther Schneider, Jahrgang 1948, seit 1973 beim Hessischen Rundfunk, Mitarbeit in der Ausländerredaktion ab 1983, verantwortlicher Redakteur für die Sendungen "Nachrichten und Informationen für Ausländer in Hessen", "Rendezvous in Deutschland" und "Gesellschaftsforum - Magazin für multikulturelle Fragen" seit Anfang 1993.

Helga Solinger, SPD, Jahrgang 1939, studierte Philosophie und Germanistik, begann 1960 eine zweijährige Schauspielausbildung und war an mehreren deutschen Theatern tätig. 1970 begann sie ein Studium der Sozialarbeit an der FH in Esslingen. Von 1975 bis 1984 war sie Mitglied des Stuttgarter Gemeinderates, 1984 wurde sie Mitglied des baden-württembergischen Landtages, heute ist sie Ministerin für Arbeit, Gesundheit und Sozialordnung.

Dr. Perluigi Verlardi, Jahrgang 1948, trat nach Schule und Studium dem auswärtigen Dienst Italiens bei. Seit 1. Dezember 1995 ist er Generalkonsul in Stuttgart.

Dr. Friedrich Voß, geb. 1943, Studium Japanologie, Sinologie und Psychologie, viele Jahre als freier Journalist in Asien tätig, ab 1979 Wissenschafts- und Kulturredakteur beim SFB, ab 1983 bis 1989 regelmäßige Vertretung des ARD-Korrespondenten in Tokio, ab 1989 Leiter der Aus- und Fortbildung im SFB, seit 1994 Wellenchef von "SFB 4 - Radio Multikulti".

Dr. Gualtiero Zambonini, 1945 geboren in Rom, studierte Geschichte und Philosophie in Rom, München und Urbino. Seit 1976 arbeitet er beim WDR als Redakteur. 1983 wurde er Leiter der italienischen Redaktion. Seit 1. Januar 1995 ist er kommissarischer Leiter der Redaktionsgruppe Fremdsprachen in Köln.

Martin A. Kilgus/Karl-Heinz Meier-Braun (Hrsg.)

Die neue Völkerwanderung – Eine Herausforderung für Politik und Medien

3. Radioforum Ausländer bei uns

In diesem [illegible] ist die neue Völkerwanderung, die Herausforderung für Politik und Medien in den Wohlstandsinseln der Welt. Experten aus Politik und Medien präsentieren in diesem bislang umfassendsten Werk zum Thema in deutscher Sprache ihre Überlegungen zur Zuwanderung nach Deutschland und Europa in den kommenden Jahren. C. Schmalz-Jacobsen, Ausländerbeauftragte der Bundesregierung, fordert ein [illegible] für Einwanderung und nennt Fünf Fragen. Prof. Dr. K.-H. Meier-Braun gibt einen umfassenden Überblick über die [illegible] „Neue Völkerwanderung" und beschreibt die möglichen Formen der Darstellung in den Medien. W. R. Böhning vom Internationalen Arbeitsamt in Genf und E. Hönekopp vom Institut für Arbeitsmarkt- und Berufsforschung in Nürnberg zeigen die Perspektiven für den europäischen Arbeitsmarkt auf. Prof. Dr. [illegible], Universität Münster, und Prof. Dr. [illegible] Opitz, Universität München, [illegible] Ursachen für heutige und zukünftige Weltflüchtlingsbewegungen. Daraus entwickelt S. [illegible] vom Büro des Flüchtlingskommissariats der Vereinten Nationen Leitlinien für eine Weltflüchtlingspolitik.

[illegible] DM, ISBN 3-7890-[illegible]

NOMOS VERLAGSGESELLSCHAFT
Postfach 610 • 76484 Baden-Baden